山西焦煤
SHANXI COKING COAL

煤炭企业管理培训丛书



# 煤炭企业作业成本管理

MEITAN QIYE ZUOYE CHENGBEN GUANLI

山西焦煤集团有限责任公司 编

中国财经出版传媒集团
中国财政经济出版社

**图书在版编目（CIP）数据**

煤炭企业作业成本管理／山西焦煤集团有限责任公司编. --北京：中国财政经济出版社，2023.7（2023.8重印）
（煤炭企业管理培训丛书）
ISBN 978-7-5223-2300-8

Ⅰ.①煤…　Ⅱ.①山…　Ⅲ.①煤炭企业-工业企业管理-作业成本-成本管理-中国-技术培训-教材　Ⅳ.①F426.21

中国国家版本馆 CIP 数据核字（2023）第 103533 号

责任编辑：温彦君　　　　责任校对：徐艳丽
封面设计：智点创意　　　　责任印制：党　辉

**煤炭企业作业成本管理**
**MEITAN QIYE ZUOYE CHENGBEN GUANLI**

中国财政经济出版社 出版
**URL**：http：//www.cfeph.cn
E-mail：cfeph@cfeph.cn

社址：北京市海淀区阜成路甲 28 号　邮政编码：100142
营销中心电话：010-88191522
天猫网店：中国财政经济出版社旗舰店
网址：https：//zgczjjcbs.tmall.com
北京富生印刷厂印刷　各地新华书店经销
成品尺寸：185mm×260mm　16 开　9.75 印张　220 000 字
2023 年 7 月第 1 版　2023 年 8 月北京第 2 次印刷
定价：63.00 元
ISBN 978-7-5223-2300-8
（图书出现印装问题，本社负责调换，电话：010-88190548）
本社质量投诉电话：010-88190744
**打击盗版举报热线：010-88191661　QQ：2242791300**

# 本书编委会

# 前 言

进入新时代，实现中华民族伟大复兴的中国梦感召着我们，面对历史之变、世界之变、时代之变，全国上下立足新发展阶段、贯彻新发展理念、构建新发展格局、推动经济高质量发展。山西焦煤集团有限责任公司作为国有煤炭企业，实现高质量发展，加快经济发展质量变革、效率变革、动力变革，一方面需要横下一条心，加快结构调整、产业转型，构建符合新时代发展要求的现代化产业体系；另一方面必须推进管理创新、管理升级和管理再造，加紧构建与现代化产业体系和高质量发展要求相匹配的全新管理体系、运营模式，向管理要发展、向管理要效益。

2020 年 6 月，国务院国资委下发了《关于开展对标世界一流管理提升行动的通知》，明确提出“推进精益化管理、提升精益运营能力，将精益化管理运用到研发设计、生产制造、供应链管理、营销服务等全流程全链条，以最小资源投入，创造更多更大价值”的要求；2020 年 7 月，国务院国资委召开对标世界一流管理提升会议，对精益化管理进一步作出安排部署，这既标志着“精益化管理”正式出现在国家战略层面，也标志着精益化管理由学术研究和企业探索转向由国家倡导的全面推广阶段。从国务院国资委安排部署，到社会、企业层面积极响应、迅速行动，充分体现了社会、企业层面对精益化管理的一致认同，更从管理创新的角度为山西焦煤集团有限责任公司指明了高质量发展的目标和路径。

精益化管理起源于 20 世纪 20 年代，其核心是以市场为基础、以客户为中心、以结果为导向、以数字化为支撑，注重产供销全过程效益、效率、效能提升和工艺水平改进，持续优化流程管理、供应链管理、质量管理、人力资源管理等，以最小投入创造尽可能多的价值，实现企业效益最大化。工欲善其事，必先利其器。精益化管理经过近百年的探索、实践后逐步发展、完善，具有极强的生命力，已成为世界公认的、科学的、最具竞争力的科学管理体系和管理方法。

作为新组建的焦煤集团合并主体之一，山煤集团早在 2017 年就着手推行精益化管理，并在一些单位试点取得了一定成效。2020 年，山西焦煤集团有限责任公司与山煤集团实现联合重组，重组后的新焦煤锚定“打造具有全球竞争力的世界一流炼焦煤企业”奋斗目标，明确提出：精益化管理是企业管理的一场革命，是实现新焦煤高质量转型发展的必由之路，是加快建设世界一流炼焦煤企业的重要抓手，是解决新焦煤突出问题的治本之策，是每一位焦煤人的历史使命和责任担当。

本书在吸收日本丰田精益生产合理内涵的基础上，以山西焦煤集团有限责任公司精益化管理实践为依托，立足煤炭产业特点，主要研究了煤炭企业精益化管理基本原理和煤炭企业作业成本管理，同时总结提炼了在管理推进过程中能够复制应用的管理案例。

本书适用于煤炭企业的管理人员和技术人员，为煤炭企业推进精益化管理提供有益的参考和指导。随着精益化管理的不断深入推进，未来还会有更多的管理创新成果产生。千里之行，始于足下，希望读者朋友能够牢固树立精益化管理理念，认真领会精益化管理内涵，准确掌握精益化管理在实践中的方式方法，不断提升精益化管理素质和能力，用创新的精神、务实的行动，为推动煤炭企业高质量发展作出新的贡献。

书中存在的表达不够精准、不够完善甚至偏差之处，敬请包涵和指正！

作　者

2023 年 6 月

# 目 录

# 第一章　成本概述

## 第一节　成本的概念

成本是管理会计中十分重要的信息。因此学习管理会计必须首先要认识和理解成本术语，树立正确的成本理念。

### 一、成本与费用

所谓成本，是指为取得能为某组织带来当期或未来效益的某种商品或劳务而付出的现金或现金等价物。所谓现金等价物，是指用于商品或劳务的非现金资产的价值，例如，当企业以土地换取其需要的机器设备时，土地就是现金等价物。

与成本相联系，但又与成本相区别的另一个概念是“费用”。成本是为创造当期或未来收益而发生的。在营利性企业组织中，当期或未来收益通常意味着产生收入，而费用则是指为产生收入而付出的代价。在每一会计期间的利润表中，费用是收入项目的扣减项，并据以确定当期损益。对一个营利性的企业组织而言，持续经营要求收入必须大于费用；同时，企业组织的收益还须满足所有者以及其他利益相关者的需求。

### 二、费用与损失

为了正确地理解费用的概念，还需要区分费用与损失。根据上文对费用的定义，一项支出被确认为费用的条件是：该项支出确定对收入有贡献。相反，如果一项支出确定对当前或未来收入毫无贡献，则该项支出就被称作损失。在不考虑资产负债表的情况下，支出在财务报表中的流转过程如图 1－1 所示。

从图 1－1 中可以看出，费用和损失都是已耗用成本，均列入利润表作为收入的扣减项，决定当期损益，但是两者的性质是截然不同的。其不同之处如表 1－1 所示①。

① 资料来源：李宏健著，《现代管理会计》，中国财政经济出版社，1998 年第八版，第 20 页。

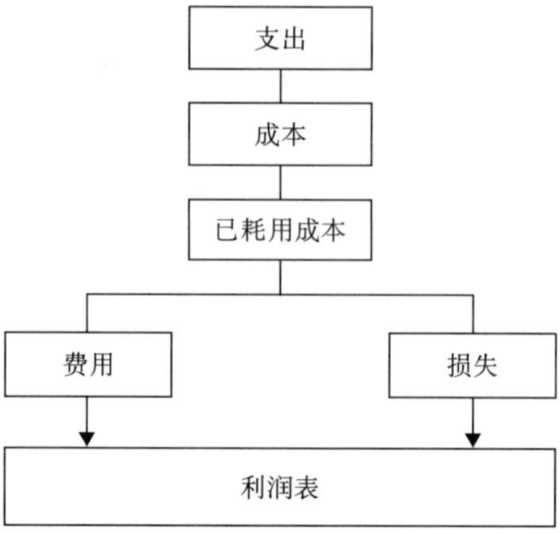


**图1－1　支出在财务报表中的流程**

**表1－1　　费用与损失的区别**

| 费　　用 | 损　　失 |
|---|---|
| • 对收入有贡献 | • 对收入无贡献 |
| • 主动发生的支出 | • 被迫产生的耗用 |
| • 合意性支出 | • 非合意性支出 |
| • 与业务经营有关 | • 与业务经营无关 |
| • 经常性支出 | • 偶然性支出 |

# 第二节　成本的分类

从管理会计的角度讲，成本可以按不同的标志来划分，并由此决定了不同的成本信息为不同的管理目的服务，即“不同的成本用于不同的目的”。下面就依此宗旨来讨论成本的类别①。

## 一、按职能分类

成本按职能划分，可分为生产成本和非生产成本。

### （一）生产成本

生产成本也称制造成本，是指为生产（制造）产品或提供劳务而发生的成本。对这些

① 详见余绪缨主编，《管理会计》，辽宁人民出版社，1996年版，第73～79页，但部分内容根据编者的理解作了适当的调整。

成本，可根据其具体的经济用途分为直接材料、直接人工和制造费用三大项目。

1. 直接材料：指在生产过程中直接构成产品主要实体的成本。其重要特征是，不论在理论上还是在实践中，该项成本都能准确地归属于某一产品。值得指出的是，直接材料包括用于制造产品的、范围广泛的实体商品，并不限于基本的天然原材料。例如，自行车轮胎是橡胶厂的产成品，但又是自行车制造厂的直接材料。

2. 直接人工：指在生产过程中直接改变原材料的性质或形态所耗用的人工成本。其基本特征与直接材料相同，能直接归属某产品。

3. 制造费用：指在生产过程中，除直接材料、直接人工以外所发生的成本。制造费用包括的内容繁杂，故又可将其进一步细分为：

（1）间接材料：指在生产中耗用，但不易归入某一特定产品的材料成本，如各种物料用品（润滑油、刷子和清洁剂等）。

（2）间接人工：指为生产服务而不直接进行产品加工的人工成本。如维修人员的工资等。

（3）其他制造费用：指不属于上述两种的其他各类间接费用。如固定资产折旧费、维修费、保险费等。

### （二）非生产成本

非生产成本又称非制造成本，是指与设计、开发、销售、分送、售后服务和全面管理等职能活动相关的成本。这类成本可归纳为两类：

1. 销售成本：一般指在销售或服务过程中所发生的费用，如销售费、广告费以及送货费等。

2. 管理成本：指制造成本和销售成本以外的所有管理和办公费用。如办公费、董事费及管理人员薪金等。

现行的会计准则规定：销售成本与管理成本（非制造成本），作为期间成本来处理。为便于说明上述成本的各种分类，可以用图 1－2 展示如下：

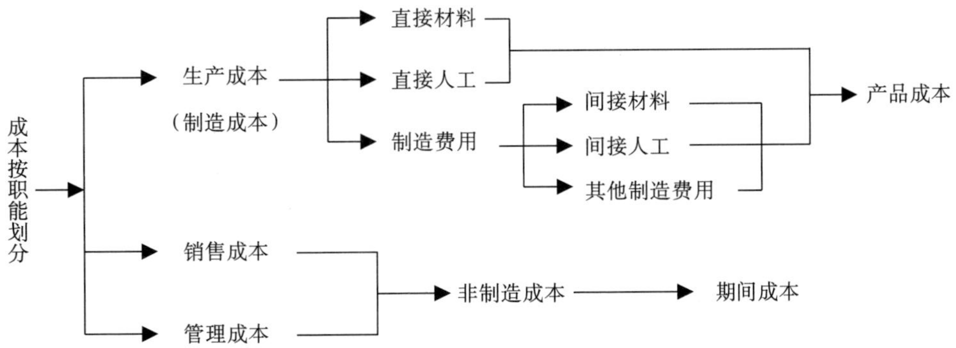


**图 1－2　成本按职能分类**

## 二、按成本性态分类

成本按其性态分类，指根据各项成本与业务量①的依存关系分类，可将成本划为以下三类：

### （一）固定成本

固定成本是指在相关范围内，与业务量变动无关的成本。

### （二）变动成本

变动成本是指在相关范围内，与业务量变动成正比例关系的成本。

### （三）半变动成本（或称混合成本）

半变动成本是指那些在相关范围内，随着业务量的变动而变动，但业务量和成本之间不保持正比例变化关系的成本。

## 三、成本的其他分类

成本除按其职能和性态进行分类外，还可按其他多种不同标志进行分类，以满足各种特定的管理活动需要，这些分类主要包括：

### （一）按成本的发生时间分类

按发生时间不同，成本可分为历史成本和未来成本。

1. 历史成本属于过去实际发生的成本，企业定期编制的会计报表所提供的成本信息几乎全部是历史成本。

2. 未来成本属于未来发生的成本。未来成本对于管理更为重要。因为对未来成本的计量，将与计划、控制等职能紧密地联系起来。它的基本计量是采用预计值的形式，如目标成本、预算成本、标准成本等。

### （二）按成本对产品的可归属性分类

成本可按其对产品的可归属性划分为直接成本和间接成本，其主要目的是为成本核算服务。

1. 直接成本通常是指与某一特定产品的生产有直接联系、可直接计入该产品的成本，如产品的主要原材料、直接人工成本等。

2. 间接成本是指一些共同性的成本，如制造费用等，不易或不能直接确定其中多少是由于生产某种产品所发生的，而需要先按其发生的地点或用途进行归集，再按一定标准

---

① 这里的业务量是一个广义的概念，它既可以表示产量、销量等，也可以表示作业量。

进行分配，然后才能计算的成本。间接成本的内容比较繁杂，通常可将其在“制造费用”科目中核算。

### （三）按成本可控性进行分类

成本按其可控性划分，可分为可控成本与不可控成本。

严格地讲，任何成本在一定条件下都可以被人们在一定程度上加以控制。因此，我们应该从特定时期和空间范围来说明可控成本这一概念。一般而言，可控成本的时间概念是会计期间，空间范围就是“责任中心”。因此，我们可将可控成本定义为：它是在一个会计期间内能合理地被负责该成本的管理人员控制的成本。反之，即为不可控成本。划分可控成本与不可控成本，是实行责任会计的前提，关于这一问题，将在“责任会计”中具体说明。

### （四）按成本与决策的关系分类

按成本与决策的关系，可将成本分为相关成本与非相关成本。简言之，相关成本是与某一特定决策有关的成本；反之，与该决策方案无关的成本即为非相关成本。

综上所述，按照不同标志对成本加以分类，其意义在于满足不同管理目标的需要，如图 1－3 所示①。为了提供对外财务报告，就要遵守历史成本原则，把成本按职能和期末产品的可归属性分类；为了满足企业内部管理控制与决策的需要，就必须面向未来，把成本按其性态、可控性与相关性加以分类。下面我们将专门设立一节，来讨论企业对外财务报告与成本分类的关系。而企业管理决策和控制活动与成本分类的关系，将在以后的有关章节中阐述。

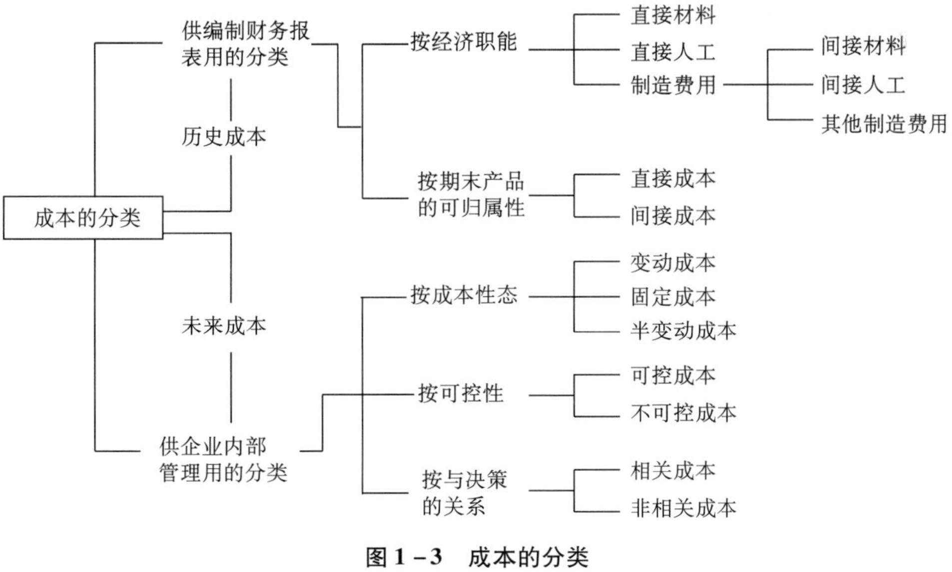


**图 1－3　成本的分类**

① 参见费文星编著《管理会计学原理与应用》，第 41 页。

# 第三节　企业对外财务报告与成本分类

每个企业组织在每个会计年末，都需向其外部利益相关者提供利润表。而利润表中的成本基础是历史成本，是按经济职能加以划分的。按照现行的会计准则，在编制利润表时，生产成本和期间费用是分开报告的。销售费用与管理费用作为期间费用，在利润表中均应作为减项予以扣除，而不列示在资产负债表中。

## 一、制造型企业利润表

表 1－2 列示了一家制造型企业以经济职能分类为基础编制的利润表。这种按职能分类所计算的收益通常称为完全成本法收益，也称吸收成本法收益。在这种方法下，所有的制造成本被全部分配到产品中。

**表 1－2**　　利润表（制造型企业）

××年度（截止日期：××年 12 月 31 日）　　单位：元

| | | |
|---|---|---|
| 产品销售收入 | | 2 800 000 |
| 减：产品销售成本： | | |
| 期初库存产品 | 500 000 | |
| 加：本期产品生产成本 | 1 200 000 | |
| 可供销售产品 | 1 700 000 | |
| 减：期末库存产品 | （300 000） | 1 400 000 |
| 毛利 | | 1 400 000 |
| 减：营业费用： | | |
| 销售费用 | 600 000 | |
| 管理费用 | 300 000 | （900 000） |
| 税前收益 | | 500 000 |

从表 1－2 中可以看出，按职能把费用划分为两大类：产品销售成本和营业费用。它们分别与企业的制造成本和非制造成本相对应。

产品制造成本指当期完工产品的全部成本。完工产品成本仅包括直接材料、直接人工和制造费用。其成本分配的具体内容详细反映在补充报表“产品制造成本表”中，如表 1－3 所示。

表 1－3 产品制造成本表

××年度（截止日期：××年 12 月 31 日） 单位：元

| | | |
|---|---|---|
| 直接材料 | | |
| 期初存货 | 200 000 | |
| 加：本期购入 | 450 000 | |
| 可用材料 | 650 000 | |
| 减：期末存货 | （50 000） | |
| 耗用直接材料 | | 600 000 |
| 直接人工 | | 350 000 |
| 制造费用： | | |
| 间接人工费 | 122 500 | |
| 折旧费 | 177 500 | |
| 租赁费 | 50 000 | |
| 水电费 | 37 500 | |
| 其他 | 12 500 | |
| 维修费 | 50 000 | 450 000 |
| 制造成本增量合计 | | 1 400 000 |
| 加：期初在产品成本 | | 200 000 |
| 总制造成本 | | 1 600 000 |
| 减：期末在产品成本 | | （400 000） |
| 产品制造成本 | | 1 200 000 |

在表 1－3 中，该期的制造成本增量合计数加上期初在产品成本得到一个待分配的总制造成本，然后再减去期末在产品成本，即可得出（当期）产品制造成本。如果只生产一种产品，那么，产品制造成本除以产量便可得到单位产品平均成本。

在产品是指在某一特定时点完成了部分生产的产品。期初在产品成本是指在当期开始时的在产品成本，期末在产品成本则是指当期结束时的在产品成本。期初在产品成本是上期转入的产品制造成本；期末在产品成本则表示由本期转往下一期的制造成本。在产品在追加制造成本后成为产成品。

## 二、服务型企业损益表

表 1－4 列示了一家服务型企业的利润表。服务型企业已提供服务成本的计算与制造型企业的情况有所不同。服务型企业的利润表中没有期初、期末库存产成品项目。其原因是服务型企业与制造型企业不同，前者没有产成品存货——服务是不可能储存的。将服务型企业与制造型企业作一直接对比，可以发现已提供服务成本相当于产品制造成本。

表 1-4　　利润表（服务型企业）

××年度（截止日期：××年 12 月 31 日）　　单位：元

| | | | |
|---|---|---|---|
| 收入 | | | 300 000 |
| 减：费用： | | | |
| 已提供服务的成本： | | | |
| 期初正在提供的服务 | | 5 000 | |
| 服务成本增量： | | | |
| 直接材料 | 40 000 | | |
| 直接人工 | 80 000 | | |
| 制造费用 | 100 000 | 220 000 | |
| 总计 | | 225 000 | |
| 减：期末正在提供的服务 | | (10 000) | 215 000 |
| 毛利 | | | 85 000 |
| 减：营业费用： | | | |
| 销售费用 | | 8 000 | |
| 管理费用 | | 22 000 | (30 000) |
| 税前收益 | | | 55 000 |

表 1-4 中，当期已提供服务的成本（等同于产品制造成本）的计算可以比照表1-3 的格式进行。表 1-4 还说明，可能存在“正在提供的服务”。例如，建筑设计中的未完工工程图纸等，就是“正在提供的服务”。

# 第四节　成本的归集

成本的归集是指把经过计量的各项成本，采用一定的方法，按一定的标准分配给某个实体（成本对象）的过程①。

## 一、成本对象

管理会计系统的目的在于计量各项成本，并将其分配给每个实体即成本对象。成本对象是指需对其进行成本计量和分配的项目，如产品、客户、部门、工程和作业等。例如，如果我们想知道生产一辆自行车得花多少钱，那么成本对象就是自行车。

近些年来，作业开始成为重要的成本对象，作业是一个组织内部工作的基本单元。作

① 参见 D. R. 汉森、M. M. 莫文著《管理会计》（中译本），北京大学出版社、科文（香港）出版有限公司，2000 年第一版，第 29—32 页。

业还可定义为组织内行动的集合，它有助于经理人员进行计划、控制和决策。在成本分配过程中，作业扮演着重要的角色，成为现代管理会计系统的必要组成部分。有关作业的例子包括调整设备以便生产、转移材料和产品、购买零部件、开出账单、支付款项、维护设备、发送货物、设计产品和检验产品等。

## 二、分配的准确性

把成本准确地分配至各成本对象，是问题的关键。我们认为准确性并不以绝对强调成本真实为基础。确切地讲，它是一个相对的概念，强调成本分配方法的合理性与逻辑性。其目的是尽可能地计量和分配成本对象所消耗的资源。

不准确的分配方法会歪曲成本分配，导致错误的决策和评价。例如，一位企业经理人员在决定是继续由本厂供电还是向当地供电局购买电力时，有关自行供电的准确成本信息就十分重要。如果夸大了自行供电的成本，经理人员便可能认为应该关闭本厂的电力供应部门，转向外购电力；反之，准确的成本分配资料可能会使经理人员得出相反的结论。下面讨论与成本分配过程有关的基本概念和方法。

### （一）可追溯性

了解成本与成本对象的关系将有助于提高成本分配的准确性。成本是与成本对象直接或间接关联的。我们知道，间接成本是指不能或不容易准确地归属于成本对象的成本。直接成本是指能够容易和准确地归属于成本对象的成本。“容易地归属”是指成本能够以一种经济上可行的方式分配，“准确地归属”则意味着成本分配中要遵循因果联系。因而，可追溯性是指采用某一种经济可行方法并遵循因果关系将成本分配至各成本对象的可能性。成本的可追溯性越强，成本分配的准确性就越高。所以，建立成本的可追溯性是提高成本分配准确性的关键一环。

某一特定成本也有可能既是直接成本，也是间接成本。管理会计系统一般处理很多成本对象。它完全依赖于成本对象的考察角度。例如，如果工厂是成本对象，那么供热与制冷成本是直接成本；可是，如果成本对象变为工厂的一种产品，则这种公用性质成本就成为一项间接成本了。

### （二）追溯的方法

可追溯性是指成本能够容易准确地分配，而追溯是指从成本到成本对象的实际分配过程，主要有两种追溯方法：

1. 直接追溯

直接追溯是指将与某一成本对象存在特定或实物联系的成本直接确认分配至该成本对象的过程。这一过程通常可以通过实地观察来实现。

例如，以自行车为产品成本对象。该产品需耗费材料和人工，实际耗用轮胎和其他部件的数量以及生产耗用人工时间，均较易观察得到，因此材料和人工成本能够直接分配到成本对象。从理论上讲，直接追溯要求所有的成本都分配至各成本对象。不过在实际工作中，采用实地观察方式得出某一成本对象所消耗资源的准确数量，常常既不现实也不可行。

2. 动因追溯

动因追溯是指使用动因将成本分配至各成本对象的过程；动因是指可以通过因果分析来确定成本耗费的因素。这些动因是可观察的，并能够计量出成本对资源的消耗情况。它是影响资源耗用、作业耗用、成本及收入等方面变化的因素。尽管动因追溯不如直接追溯准确，但如果因果关系建立恰当的话，成本归属仍有可能达到较高的准确性。动因追溯使用两种动因类型——资源动因和作业动因来追溯成本。

（1）资源动因。计量各作业对资源的需要，用以将资源成本分配到各个作业上。以“维修设备”作业为例，这项作业消耗的资源包括零部件、设备、工具、人工和能源（设备和工具运动所需的动力）。其中一些资源，如设备、工具的材料可以直接追溯到作业上。而其他一些资源，如动力和人工就无法直接追溯。实地观察动力消耗情况需要相应的计量仪器，而采用计量仪器有时不一定可行。结果，可能转而采用“机器小时”这一资源动因来分配动力成本。假设动力成本 0.50 元/机器小时，“维修设备”作业使用了 20 000 机器小时，则动力成本应分配给该项作业 10 000（0.50 ×20 000）元。这项作业的总成本等于可直接追溯的资源成本与按资源动因分配的成本之和。维修设备的总成本确定以后，便可按照作业动因将这项作业成本再分配到消耗该作业的各个对象。

（2）作业动因。计量各成本对象对作业的需求，并被用来分配作业成本。例如，作业动因“维修工作小时数”可被用来将“维修设备”作业的成本进一步分配至成本对象“生产部门”。这样，如果提供“维修设备”作业的成本是 20 元/维修小时，而某生产部门（如碾磨车间）使用了 2 000 维修小时，那么，碾磨车间所应分担的作业成本就应是 40 000（20 ×2 000）元。表 1 –5 列示了一些作业名称及其可能的作业动因。

**表 1 –5　　一些作业名称及其可能的作业动因**

| 作　业 | 可能的作业动因 |
|---|---|
| 调整设备（生产准备） | 生产准备次数 |
| 转移材料 | 转移次数 |
| 定购材料 | 购货定单数量 |
| 钻孔 | 机器小时数 |
| 改进产品工程 | 工程通知单数量 |
| 支付账单 | 发票数 |
| 检验完工产品 | 生产批数 |
| 维修设备 | 维修小时数 |
| 提供电力 | 千瓦小时数 |
| 包装货品 | 箱数 |
| 编制生产计划 | 产品种类数 |

动因追溯是作业成本计算这一成本分配方法的核心，其过程如图1－4所示。

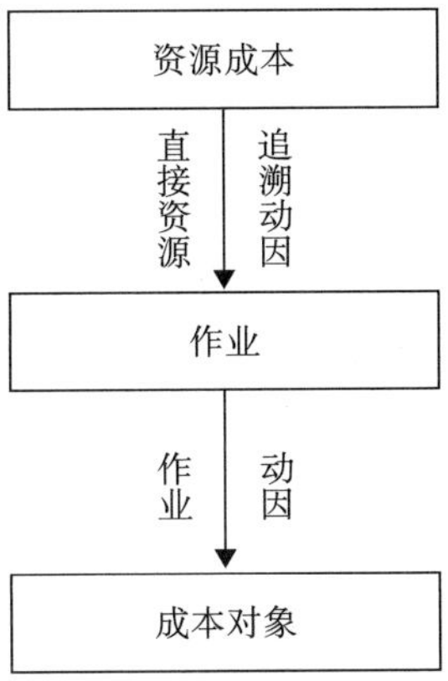


**图1－4　利用动因追溯分配成本**

由图1－4可知，作业成本计算的过程是先将成本分配至各种作业，然后再分配至各成本对象。

### （三）分配间接成本

间接成本不能追溯至成本对象。也就是说，在成本与成本对象之间没有因果联系，或追溯不具有经济可行性。把间接成本分配至各成本对象的过程，称为分摊。由于不存在因果联系，所以分摊间接成本往往建立在简便原则或假定联系的基础上。比如，一家工厂生产五种产品，供热和照明成本需要分配至各种产品。显然，很难找出其中的因果联系。一种简便的方法是按各产品消耗人工小时的比例分摊这些成本。任意地分摊间接成本将会降低整个成本分配的准确性。因此，最好的成本计算策略是只分配直接（可追溯的）成本。但是，间接成本（除了准确性之外）的分摊还有其他要求，如需满足外部报告惯例对分摊间接成本的要求等。对决策管理与控制而言，成本分配的准确性更为重要，故应当分开报告直接成本和间接成本的分配结果。

### （四）成本分配小结

以上讨论了三种成本分配方法：直接追溯法、动因追溯法和分摊法。三种方法中，直接追溯法最准确；动因追溯法的准确程度取决于动因对因果联系的表述质量。找出合适的动因并评价其对因果联系的表述质量，需要付出比直接追溯法和分摊法大得多的代价。分摊法的优点即在于它的简单性和操作的低成本，而缺点则在于分摊法是以上三种方法中最不准确的一种方法，因而应尽可能避免使用。这三种方法的基本原理如图1－5所示。

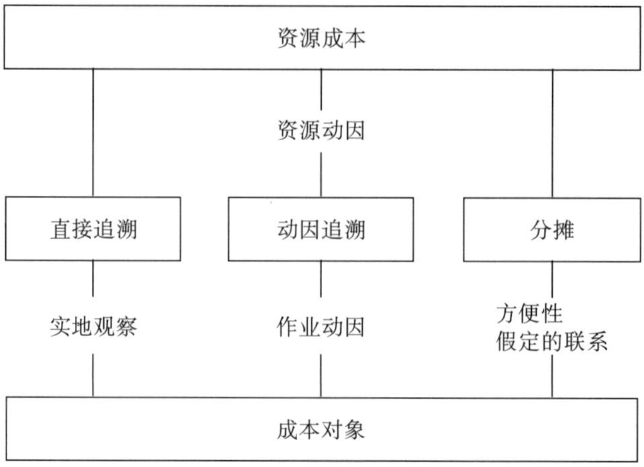


**图 1-5　成本分配方法**

# 本章小结

本章讨论了成本的基本含义和成本、费用与损失之间的关系；定义了各类成本及其作用，并具体介绍了历史成本与企业对外财务报告的关系；解释了成本归集过程，描述了成本分配的三种方法：直接追溯法、动因追溯法和分摊法，并对每种分配方法的适用性做了适当评述。

# 第二章　传统成本计算法

管理实践与理论的发展进程表明：企业组织成本计算制度的存在和选择是社会经济与技术环境变迁的产物。当今，企业组织所使用的成本计算方法主要有三种：完全成本法、变动成本法和作业成本法。其中，完全成本法和变动成本法目前被称作传统成本法，而作业成本法则被称为现代成本法。本章集中讨论前者。

## 第一节　成本计算制度的基本问题

无论是何种成本计算制度，都面临三个基本问题，即什么是总成本？如何计量成本？如何分配成本？之所以把这三个问题称为“基本问题”，是因为这是任何一种成本计算制度都无法回避的问题。

### 一、什么是总成本

从理论上讲，总成本的概念十分简单，即它是企业组织为有效地从事和完成经济活动所发生的各种代价的总和。但从实际操作来看，这个问题要复杂的多。例如，总成本到底包括哪些内容，是只包括生产成本？还是需要再加上营销和管理费用？亦或是指企业组织的全部成本？只有弄清这些问题，我们才可能正确地、合理地确定企业的总成本，进而正确地确定企业的单位成本。为了回答这个问题，我们首先需要界定“产品成本”的概念。

虽然为了满足不同的管理目标，需要界定不同的“产品成本”，但从成本计算制度的角度与需要出发，通常把产品成本定义为直接材料、直接人工和制造费用之和。这种定义是企业组织编制对外财务报告所必须使用的，同时它也有助于企业特定的管理决策的制定与控制。

### 二、如何计量成本

严格地讲，如何计量成本是指如何计量待分配的成本。在计量成本时是使用实际发生的成本，还是使用估计成本？

根据第一个基本问题的界定，成本计量包括生产中消耗的直接材料、直接人工以及制造费用的金额。这些金额既可以是这些生产投入的实际金额，也可以是其估计金额。通常采用估计金额，以保证及时提供成本信息，便于控制成本。

### 三、如何分配成本

成本的分配是任何一种成本计算制度的最终任务。它把已经计量的成本和所生产的产品联系起来。为成本安排“归宿”。分配成本的目的是要确定每个产品应负担多少成本，故其最终表现形式是“单位成本”。在成本分配过程中，核心问题是确定成本分配率，其难点是以何种基础计算分配率。因此，认识和解决如何分配成本的问题，还必须正确地理解“单位成本”的含义及其作用。

## 第二节 认识单位产品成本

任何一种成本计算制度都要提供单位产品成本信息。而企业管理者也要利用这一成本信息进行必要的决策管理与控制活动，但是，要正确认识并合理准确地计算单位产品成本并不是一件容易的事。

从理论上理解单位产品成本很简单。例如，一个企业某产品的单位成本由与该种产品相关的所有成本总和除以该产品的总数得到。但在实际工作中，确定单位产品成本，要涉及产品成本界定、成本计量与成本分配这三个基本问题。为此，在本章以后的讨论中，我们把产品成本定义为直接材料、直接人工以及制造费用之和。其中：我们将直接材料和直接人工之和称为“主要成本”。在本节我们先认识一下单位产品成本的重要性。

### 一、单位成本对制造型企业的重要性①

成本会计系统的目标是计量并分配成本，以便确定各产品的单位成本。单位成本对制造型企业来说是极其重要的信息，尤其有助于存货计价、收益确定以及许多重要决策的制订。为编制财务报告，要求企业在期末披露存货成本并确定收益。为报告其存货成本，企业必须了解现存产品数及单位制造成本。用于确定收益的产品销售成本，也要通过事先确定产品销售数量及单位成本而求得。而且，单位成本也有利于各种决策的制定。比如，房地产市场普遍要求进行投标招标，而如果不知道相应建筑的相关成本，就不可能提出合理的标的价格。产品成本信息在其他许多场合中也极为重要。产品设计决策、引进新产品的决策等，都受预期单位成本的影响。产品自制与外购决策，特殊订单的接受与放弃决策、

① 参见 D. R. Hansen and M. M. Moven, Management Accounting, p. 107。(Ohio: South - Western College Publishing, 1997)。

某种产品的取舍决策等，也都需要单位成本信息。

单位成本是定义为制造成本、变动成本，还是制造成本加上非制造成本，取决于使用成本信息的背景和目的。若是为了编制财务报告，则要求采用单位制造成本信息；然而，如果企业生产能力使用不足，在特殊订单的接受与放弃决策中，变动成本信息会更有价值；对于战略性计算与分析，需要的则是综合成本信息。由此可见，针对不同的目的，需要采用不同的成本。

## 二、单位成本对服务型企业的重要性

服务型企业同样需要单位成本信息。从理论上讲，无论该企业是制造型企业还是其他类型的企业，其计量与分配成本的方法应当是一致的。服务型企业必须首先确定所提供的服务“单位”。对于一家汽车修配商店而言，其服务单位是为单个客户的汽车所做的工作。由于不同汽车所需工作不同（如有的是加油，有的是变速器的彻底检修），所发生的成本必须分别分配到各项工作上去。医院可以按病人、治疗时间或程序类型（如 X 光透视等）来分配成本。政府机构也必须确定其提供服务的成本。如市政府提供了家庭垃圾收集服务，就需按卡车运输车次或每个居民户的收集量来确定成本。

服务型企业使用成本数据的方式与制造型企业大致相同。它们运用成本信息来确定盈利水平，评估扩展新服务的可行性以及制定价格等。但由于服务型企业并未生产实物产品，它们不必对产成品存货进行计价。非营利的服务型企业必须及时追踪了解成本，以确保其能以高效使用资金的方式提供服务。政府部门则对纳税人有着合理使用资金的受托责任，这也要求进行准确的成本计算。

## 三、与单位产品成本相关的另一成本：边际成本

边际成本也是表示单位产品产出与成本之间的关系，但它与我们前面所讨论的单位产品成本有重大差别。

所谓边际成本，是指在连续的产出过程中，每追加生产一个单位产品所引起的总成本的增量。因此，边际成本着眼于动态追加过程，反映了产品产出变化与企业总成本变化之间的关系，即总成本的变化率。从时间过程看，边际成本是一个流量，它往往是“追加”或“净增”或“增量”成本的概念；后文将要讨论的变动成本法就是边际成本思想的具体应用。而单位产品成本是一个“平均化”的概念，是在特定时点的存量。

区别这两个“单位成本”概念有着十分重要的意义。因为在许多特定决策中，边际成本是相关成本，而单位产品成本则并非如此。

## 第三节 计量成本的方法：实际成本计算法与正常成本计算法

成本的计量既可以用实际发生额，也可以用估计（预计）发生额；前者通常称作实际成本计算法，后者通常称作正常成本计算法。下面就来讨论计量成本的基本方法①。

### 一、实际成本计算法

所谓实际成本计算法，是指企业在计量成本时，按其生产过程中耗用的各种资源的实际成本——实际发生的直接材料、直接人工和制造费用来确定单位成本的方法。这种方法看似很合理，但在实务中，人们却很少采用严格意义上的实际成本制度。主要是因为这种制度无法及时提供准确的单位成本信息。具体来说：

1. 在分配实际制造费用时，很难兼顾成本信息的准确性和及时性

采用实际成本计算制度，对直接材料、直接人工很容易归集，即用直接追溯法便可及时分配实际发生的主要成本，因而不存在及时性与准确性的问题。但对制造费用的处理却很难做到这一点。就实际成本计算制度本身而言，企业全年的制造费用均是为生产当年产品而发生的，故其实际发生额只有在会计年度末才能最后确定。如果企业只需要在会计年度末一次性地使用成本信息，那么，在年末这一时点上，简单地用全部制造费用除以产量便可得到准确的单位成本信息。但实际上，企业管理者不可能只在年末才有成本信息需求。通常管理者的许多短期经营决策活动，诸如定价决策、接受特殊订单决策、自制或外购决策等，都需要及时（随时）了解这类信息。另外，从对外报告来说，公司除了年报之外，至少还有中期报告需要这类成本信息。

2. 即使在短期（如一个月或一周），实际成本计算制度也很难两全

在短期内，用这种制度得到的成本信息可能不存在及时性问题，但是，这种做法无法保证成本信息的准确性，这是因为市场需求的周期性波动和生产安排的不均匀性，都会导致制造费用的不均匀发生，从而导致制造费用在特定时期内的波动很大。下面举例说明这一问题。

**【例 2－1】**假设贝贝乐玩具制造公司生产某种塑料玩具卡车。每辆玩具卡车需要 30 克塑料和 15 分钟人工。鉴于所使用的技术，该产品投入与产出的关系较为稳定。因而无论生产的玩具卡车有多少、何时生产，每辆卡车耗费的原材料和直接人工均保持不变。这两种投入的单位成本均能准确地计算出来。4 月、8 月和 11 月制造费用的数据如表 2－1 所示：

---

① 参见 D. R. Hansen and M. M. Moven, Management Accounting, pp. 108—109。（Ohio：South－Western College Publishing，1997）。

表 2－1 制造费用相关数据

| 项目 | 4 月 | 8 月 | 11 月 |
|---|---|---|---|
| 实际制造费用（元） | 20 000 | 40 000 | 40 000 |
| 实际产量（辆） | 40 000 | 40 000 | 160 000 |
| 单位制造费用*（元） | 0.50 | 1.00 | 0.25 |

* 单位制造费用＝实际制造费用/实际产量。

*要求：根据以上资料，说明运用实际成本计算法在分配制造费用时存在的主要问题。*

根据已知资料可知，该公司的主要成本不受产量变动的影响，具有稳定性。因此，我们假定：如果一月份塑料成本为每克 0.06 元，人工价格为每小时 6 元，则每辆塑料玩具卡车的原料成本为 1.80（0.06×30）元，直接人工成本为 1.50（6×0.25）元。则每辆塑料玩具卡车的实际主要成本为 1.80 元＋1.50 元，即 3.30 元。而且，3.30 元的单位主要成本在会计年度内均保持不变。

但是，根据已知的制造费用数据可以看出：单位制造费用在 4 月、8 月和 11 月全然不同。具体来说：

（1）本例中，4 月与 8 月有着相同的产量，但月制造费用却不同。其原因在于 8 月的降温防暑需求较大，因而该月物料消耗成本也随之增加。由于 8 月生产的这批玩具卡车正好赶上降温要求增大的时候，它们的单位制造费用由 0.50 元增至 1.00 元。可见，单位制造费用的差异，来源于制造费用发生时间的不均匀性。

（2）如本例 8 月和 11 月数据表明：这两个月有着相同的月制造费用金额，但产出水平不一。11 月的产出要远远地大于 8 月，其原因可能在于该公司预期新年为销售旺期，11 月的单位制造费用明显较低（0.25 元，而 8 月为 1.00 元）。因此，单位制造费用变动的第二个原因在于产品产量的不均匀性。

（3）为了避免单位制造费用受时间和产量变化的影响，一个办法是采用实际成本计算法，即企业等到年底一次性地分配制造费用。在本例中，我们进一步假设贝贝乐玩具制造公司在一个会计年度内，仅在 4 月、8 月、11 月生产玩具，则该年度制造费用总额为 100 000（20 000＋40 000＋40 000）元，总产量为 240 000 辆，单位制造费用为 0.417（100 000/240 000）元。因此，等到年终计算单位制造费用，可以消除制造费用不均匀和产量不均匀带来的单位制造费用波动问题，其结果是每件产品的单位制造费用都相同。但问题是经理人员不可能等到年末才了解产品成本信息。

应说明的是，单位制造费用的波动并不意味着产品价值方面的差异，甚至并不意味着相应的成本结构上的差异（例如 4 月生产的玩具卡车，同 8 月、11 月生产的完全一样。8 月发生的较高的物耗费用，可能与上年 8 月的发生数相同）。

## 二、正常成本计算法

解决实际成本计算法缺陷的途径是采用正常成本计算法。

正常成本计算法是指在计量成本时，直接材料和直接人工采用实际成本、而制造费用则采用预计制造费用率来计算单位产品成本的方法。具体做法是：在年初通过预计的方法制定出一个近似年末实际的制造费用分配率，然后运用该分配率对制造费用进行分配，进而计算出企业所需要的单位成本信息。预计制造费用分配率的计算公式如下：

$$预计制造费用分配率=\frac{预计制造费用}{预计产量}$$

如果考虑作业动因下的作业耗用，则上式可表示为：

$$预计制造费用分配率=\frac{预计制造费用}{预计作业耗用量}$$

例如，某企业在年初估计全年的制造费用为100 000元，预计产量为10 000件，则预计制造费用分配率为：100 000/10 000 = 10（元/件）。

应指出的是，使用正常成本计算法存在的最大问题是：预计的制造费用分配率有可能与实际的制造费用分配率不相一致，这是由于预计的制造费用与实际发生的制造费用不一致所造成的。

## 第四节　完全成本法

本节我们将在前文讨论的基础上，分别阐述完全成本法与变动成本法的主要特性和适用性。正如本章开始所说的，我们分析问题的立足点是管理会计，而不是成本会计，所以我们不打算介绍每种成本计算方法的具体成本核算过程[①]。我们的侧重点是：每种成本计算方法在使用过程中，对决策管理与控制活动有重要影响的方面。同时，由于各种成本制度对直接材料、直接人工的追溯都比较清楚，所以我们的讨论将主要集中在关于制造费用的分配问题上。

### 一、完全成本法的成本分配流程

完全成本法是“最古老”的、在实务中应用最多的一种成本计算制度。它能确保把所有的制造费用全部归集、分配到产品上。就制造费用而言，其分配方法主要是动因追溯法和分摊法。

为说明问题，以制造业为例，在完全成本法下，企业的成本构成及其分配流程如图2-1所示。

由图2-1可知，对制造费用的处理并未区分变动制造费用与固定制造费用，而是把全部制造费用都归集到制造成本即生产成本中；而非制造成本，亦即非生产成本作为期间费用处理。从对资产负债表和利润表的影响来看，在产品未售出之前，制造成本是以存货（在产品存货、产成品存货）形式予以递延的，并反映在资产负债表中；只有当产品售出之后，才将存货转入销售成本，并与期间费用一起影响税前利润，反映在利润表中。

---

① 国内外许多专家、学者把成本会计归入管理会计体系，但我们还是倾向于把二者分开。

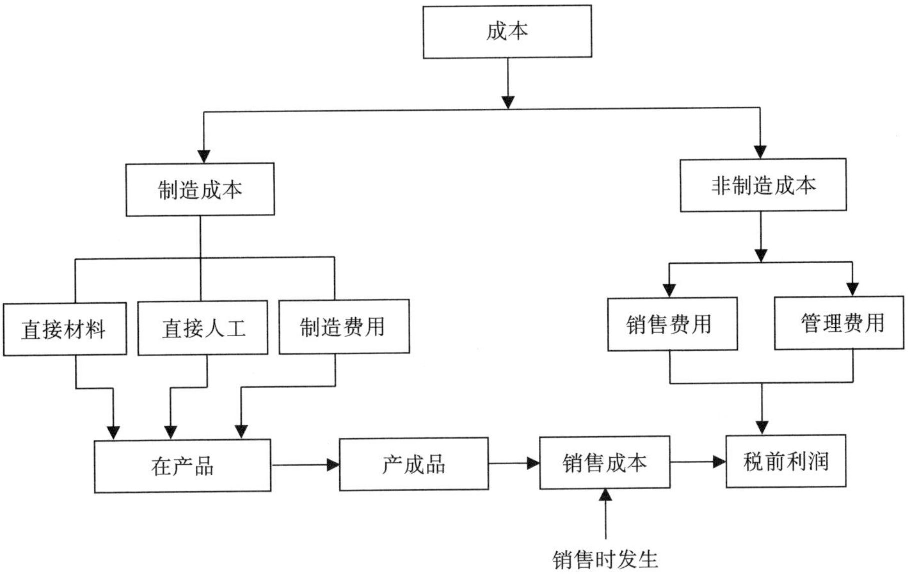


**图 2－1　完全成本法的成本分配流程**

## 二、完全成本法下制造费用的分配

在完全成本法下，对制造费用一般只采用单位基准的作业动因来进行分配。这就意味着产品所消耗的制造费用与产量具有高度相关性。从实际工作来看，经常用来分配制造费用的单位基准动因有产品产量、直接人工小时、机器小时和直接材料等；所采用的制造费用分配率有全厂制造费用分配率和部门制造费用分配率。下面我们分别介绍采用全厂制造费用分配率和部门制造费用分配率进行制造费用分配的基本过程。

### （一）采用全厂制造费用分配率分配制造费用

采用全厂制造费用分配率分配制造费用，就是在全厂范围内为制造费用的分配确定一个统一的标准（即全厂制造费用分配率），并按此标准分配所有制造费用。使用全厂制造费用分配率的分配过程如图 2－2 所示①：

由图 2－2 可以看出，对于全厂分配率而言，制造费用首先在全厂库进行归集（第一阶段的成本分配）。归集制造费用时，仅是简单地将全年工厂内预计发生的制造费用进行加总。由于所有的制造费用均属工厂发生，因此归集费用极为准确。在这第一阶段，成本对象是工厂，因而可使用直接追溯法将成本分配给全厂库。

一旦该库中成本归集完毕，我们便可使用单一的单位基准动因（如直接人工小时等），来计算出全厂分配率。于是，在第二阶段，制造费用便按各产品耗用的全部实际基准动因（如直接人工小时等）乘以分配率被分配到各产品中去。下面举例说明采用全厂分配率的分配过程。

① 参见 D. R. Hansen and M. M. Moven, Management Accounting, pp. 111。（Ohio：South－Western College Publishing，1997）。

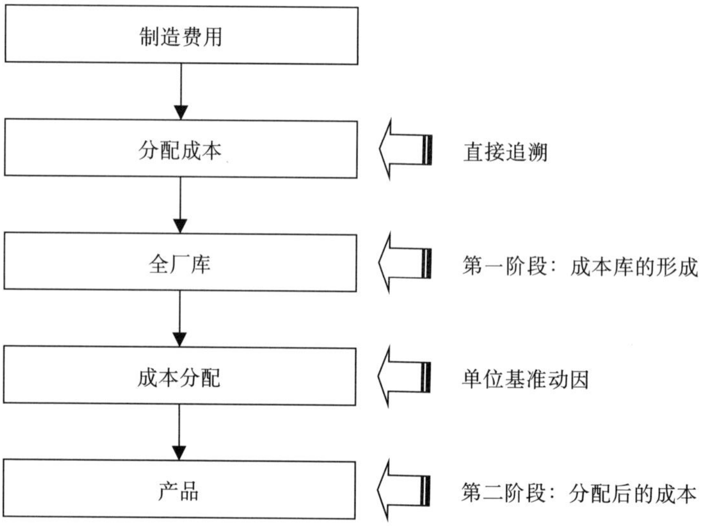


**图 2－2　制造费用分配：全厂分配率**

【例 2－2】假设步步高公司生产两种电话：无绳电话和普通电话。该公司××年的有关预计数据和实际数据如表 2－2 所示：

**表 2－2　相关数据**

| | |
|---|---|
| 预计制造费用 | 360 000（元） |
| 预期作业（直接人工小时） | 100 000 |
| 实际作业（直接人工小时） | 100 000 |
| 实际制造费用 | 380 000（元） |
| 产品产量： | |
| 无绳 | 10 000（门） |
| 普通 | 100 000（门） |
| 主要产品成本： | |
| 无绳 | 78 000（元） |
| 普通 | 738 000（元） |
| 直接人工小时： | |
| 无绳 | 10 000 |
| 普通 | 90 000 |

假设该公司采用正常成本计算法，且以直接人工小时为基准计算预计制造费用分配率。

要求：根据以上资料，采用全厂分配率分配制造费用。

使用已知资料，按照全厂制造费用分配率分配制造费用的计算过程如下：

1. 确定全厂制造费用分配率

已知该公司以直接人工小时计算的预期作业，故预计制造费用分配率为：

$$预计制造费用分配率=\frac{预计制造费用}{预期作业}=\frac{360\ 000}{100\ 000}=3.60（元/直接人工小时）$$

2. 确定已分配制造费用

当实际生产作业展开时，便可使用预计制造费用分配率来分配制造费用。在任何时点上，分配到实际生产中的全部制造费用，称为已分配制造费用。已分配制造费用的计算公式为：

已分配制造费用 = 预计制造费用分配率 × 实际作业

使用以上预计制造费用分配率，计算××年已分配制造费用为：

$$已分配制造费用=3.60\times100\ 000=360\ 000（元）$$

3. 确定制造费用分配过度抑或分配不足

当计算出已分配制造费用后，要注意将其与实际制造费用进行比较，从而确定制造费用差异性质：

（1）当已分配制造费用大于实际制造费用时，该差异就是多分配的制造费用，简称“分配过度”。

（2）当已分配制造费用小于实际制造费用时，该差异就是少分配的制造费用，简称“分配不足”。

本例中，其实际制造费用为380 000元，已分配制造费用为360 000元，故制造费用差异20 000元就是少分配制造费用，即分配不足。

通常在会计年度末，少分配的制造费用均应加回产品销售成本中，而多分配的制造费用，则要从产品销售成本中扣除。

4. 计算单位制造成本

如前所述，单位制造成本为主要成本与制造费用之和。主要成本，即直接材料与直接人工之和，通过直接追溯的方法进行分配。在正常成本计算制度下，预计制造费用分配率是单位制造费用的计算依据。

单位制造成本的计算过程是：先将该产品的主要成本与分配到该产品上的制造费用相加得到总制造成本；然后用总制造成本除以产品产量，便可得出单位制造成本。计算过程如表2－3所示。

表 2－3　　单位成本计算：全厂分配率　　金额单位：元

| | 无 绳 | 普 通 |
|---|---|---|
| 主要产品成本 | 78 000 | 738 000 |
| 制造费用： | | |
| 3. 60 ×10 000 | 36 000 | |
| 3. 60 ×90 000 | — | 324 000 |
| 总制造成本 | 114 000 | 1 062 000 |
| 产量（门） | 10 000 | 100 000 |
| 单位制造成本（总成本/产量） | 11. 40 | 10. 62 |

### （二）采用部门制造费用分配率分配制造费用

采用部门制造费用分配率分配制造费用，就是为不同的生产部门确定不同的制造费用分配标准（即部门制造费用分配率），并按此标准将所有制造费用分配到不同部门的产品上去。使用部门制造费用分配率的理由是：在实际工作中，不同生产部门所耗费的制造费用水平不同，制造费用的分配要反映这种差别，体现“谁受益，谁承担”的分配原则。全厂分配率的方法，实际上是一种简单的平均分配法，结果掩盖了不同部门在耗费制造费用上存在的差异。

采用部门制造费用分配率分配制造费用的基本过程如图 2－3 所示：

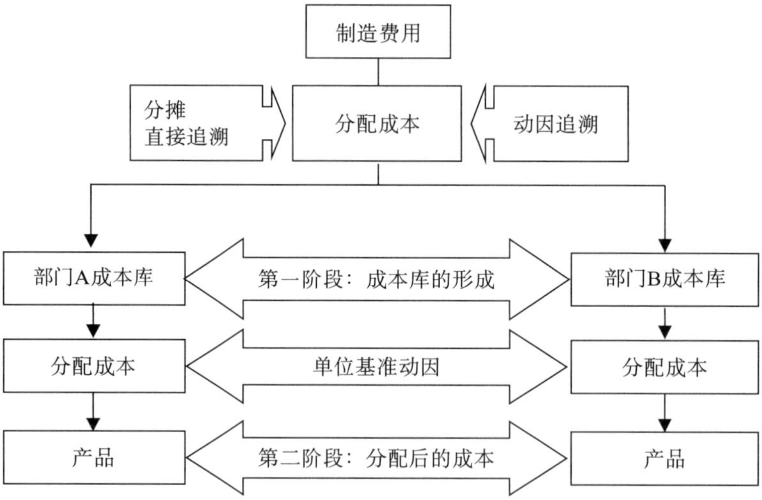


图 2－3　制造费用分配：部门分配率

下面我们举例说明采用部门制造费用分配率的分配过程。

【例 2－3】假设步步高公司有两大生产部门——元件部门和装配部门。元件部门生产主要电子元件，其他元件则向供应商或兄弟分公司购买。表 2－4 是这些部门在 2001 年的相关数据。其中元件部门属于机器密集型，而装配部门属于劳动密集型。因而该公司在确定部门制造费用分配率时，在元件部门以机器小时为基准，而在装配部门则以直接人工小时为基准，其他资料与［例 2－2］相同。

表 2－4　　部门数据　　金额单位：元

| | 元件部门 | 装配部门 |
|---|---|---|
| 预计制造费用 | 252 000 | 108 000 |
| 预期和实际作业（直接人工小时） | | |
| 无绳 | 7 000 | 3 000 |
| 普通 | 13 000 | 77 000 |
| | 20 000 | 80 000 |
| 预期和实际作业（机器小时）： | | |
| 无绳 | 4 000 | 1 000 |
| 普通 | 36 000 | 9 000 |
| | 40 000 | 10 000 |

要求：根据以上资料，采用部门制造费用分配率分配制造费用。

利用以上资料，按照部门分配率分配制造费用的过程说明如下：

1. 确定部门制造费用分配率

根据已知数据和制造费用的分配基准，两个部门的制造费用分配率计算如下：

（1）元件部门制造费用分配率 $=\frac{\text{预计制造费用}}{\text{预期机器小时}}=\frac{252\ 000}{40\ 000}$

$=6.30$（元/机器小时）

（2）装配部门制造费用分配率 $=\frac{\text{预计制造费用}}{\text{预期直接人工小时}}$

$=\frac{108\ 000}{80\ 000}$

$=1.35$（元/直接人工小时）

2. 确定已分配制造费用

该年的已分配制造费用总数，即为各部门已分配制造费用之和。故：

已分配制造费用 =（6.30 × 实际机器小时）+（1.35 × 实际直接人工小时）

$=(6.30\times 40\ 000)+(1.35\times 80\ 000)$

$=252\ 000+108\ 000$

$=360\ 000$（元）

3. 确定制造费用分配过度抑或分配不足

本例中，已分配制造费用等于预计制造费用，所以制造费用差异为零，这只是一种巧合。这一情形只有当实际作业产出水平等于预计作业产出水平时才会出现。

4. 计算单位制造成本

根据部门制造费用分配率和表 2－4 的相关数据以及已知的主要成本与产量信息计算单位制造成本，如表 2－5 所示。

表 2－5　单位成本计算：部门制造费用分配率　金额单位：元

| | 无绳 | 普通 |
|---|---|---|
| 主要产品成本 | 78 000 | 738 000 |
| 制造费用： | | |
| （1.35 ×3 000）＋（6.30 ×4 000） | 29 250 | |
| （1.35 ×77 000）＋（6.30 ×36 000） | | 330 750 |
| 总制造成本 | 107 250 | 1 068 750 |
| 产量（门） | 10 000 | 100 000 |
| 单位制造成本（元/门） | 10.73 | 10.69 |

## 三、小结：完全成本法的特点及其局限性

从完全成本法的成本分配流程及其对制造费用的分配方法来看，完全成本法的特点及其局限性可以归纳如下：

### （一）特点

1. 从产品成本构成看，完全成本法下，制造费用没有从成本性态的角度加以分解，因此，在每一单位产品成本中，不仅包括了直接材料、直接人工和变动性制造费用，而且还包括一部分固定性制造费用。这样，固定性制造费用也和产品生产过程中消耗的直接材料和直接人工以及变动性制造费用一样，汇集于产品，并随产品流动，从而使当期已售出产品和期末未售出产品具有完全相同的成本构成。

2. 基于上一点，完全成本法在完工产品销售时，全部成本还需要在已售出产品和未售出产品之间进行分配。这样，已售出产品、未售出的库存产品（存货）和在产品均“吸收”了一定份额的固定性制造费用，也就是说，会计期末的产成品与在产品都是按全部成本计价。

3. 由于以上两点，完全成本法对分期损益有重大影响，其主要表现是产品销量和利润之间的变动趋向不一致。

### （二）局限性

完全成本法的特点，在一定程度上也决定了这种方法的缺陷或局限性。

1. 成本信息不准确。完全成本法下，成本的计算与分配只采用单一动因，即单位基准动因，这样只考虑了制造费用与产量的相关性。但实际上，引致制造费用发生的动因在数量及性质上远非如此单一。根据我们在第一章的讨论，至少还有三个基准动因未被考虑，即批次基准动因、产品维持基准动因和能力基准动因，即使不采用所谓作业成本的概念，这些成本动因也是客观存在的，而且这些非单位基准动因在新的制造与服务环境下，对企业生产过程和生产成本的影响越来越大。因此，当把这些非单位基准动因排除在成本

分配的分析之外时，产品成本信息必然会被扭曲。当以被扭曲的成本信息支持管理决策与控制时，必然会降低决策与控制的效率和效果。

2. 从对存货处理和分期损益的影响，完全成本法可能激励管理者有意调节利润，即在必要时，通过提高存货的办法来维持甚至提高当期利润水平，从而造成盲目扩大生产的现象。

3. 从环境适应性来说，尽管现实中大部分企业仍然在采用完全成本制度，但在新的制造环境下，无法很好地适应全球性激烈竞争、持续改善和全面满足客户服务的需要。

## 第五节　变动成本法

### 一、变动成本法的成本分配流程

所谓变动成本法，亦称边际成本法或直接成本法，是以成本性态分析原理为基础，把全部成本划分为固定成本和变动成本，在计算产品成本时，只包括产品生产过程中直接消耗的直接材料、直接人工和变动性制造费用。所有固定费用均作为期间成本在当期全额从收入中扣除。这是与完全成本法的重要区别之一。变动成本法的成本构成及分配流程如图 2－4 所示：

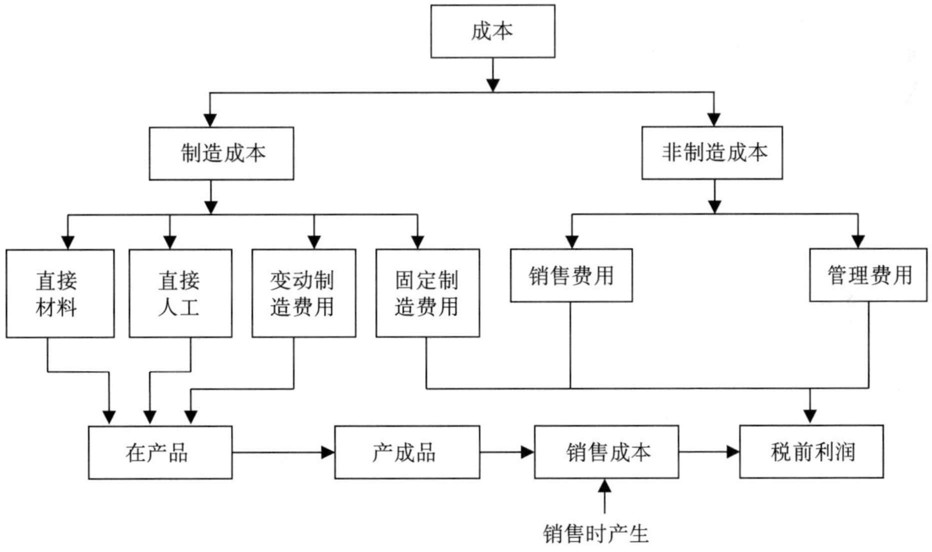


**图 2－4　变动成本法的成本构成及分配流程**

## 二、贡献毛益与贡献式利润表

运用变动成本法时，企业的利润水平可用贡献毛益的概念加以反映，并用“贡献式利润表”来列示。

所谓贡献毛益，是指产品的销售收入扣减其变动成本之后的余额。这一概念实际上是“用于补偿固定成本并获取利润贡献”的简称，企业产品的贡献毛益首先用于补偿整个企业的固定成本。在此之后若有剩余，才形成企业利润。

用贡献毛益除以产品销量，便得到单位贡献毛益。

借助于贡献毛益的概念，企业的利润可以由贡献式利润表确定和列示，其过程为：

销 售 收 入

减：变动销售成本

贡 献 毛 益

减：期 间 成 本

= 税 前 利 润

在按照以上过程计算企业利润时要特别注意：

1. 在给定会计期间和相关范围假设下，所有固定性费用（期间成本）保持不变，即它不受产销量水平变化的影响。因此，当增加一个单位的产品销售时，会导致：

（1）收入：将增加一个单位的销售收入，即单价；

（2）成本：将增加单位变动成本，因此，在生产中发生的额外成本就是变动成本，而不是额外的固定成本；

（3）利润的增加额等于该产品或劳务所提供的贡献毛益；相反，如果减少一个单位产品的销售，则利润的减少额也等于该产品所提供的贡献毛益；

2. 利润的计量以贡献毛益总额为基础。由于固定性费用（期间成本）与会计期间相联系，并不随销量的增减而变化，故如果让销售的产品分摊固定费用，就会产生误导性成本信息。

## 三、变动成本法应用举例

为了进一步说明变动成本法的特点和以上企业利润的确定过程，现举例分析如下：

**【例 2－4】** 假设北方制药厂生产利康牌感冒冲剂。其单位变动生产成本为 6 元，市场售价为 10 元。2001 年 6 月生产该药品 20 000 袋，且月初无存货。当月固定成本（生产、管理及销售）为 45 000 元，不考虑变动性营销费用。

要求：采用变动成本法，计算在下列不同销量水平下，2001 年 6 月的贡献毛益和利润水平：

（1）销售 10 000 袋；

（2）销售 15 000 袋；

（3）销售 20 000 袋。

根据已知资料和贡献损益的确定原理，计算该企业6月利润首先是确定变动销售成本，然后确定贡献毛益。用贡献毛益扣除期间成本（固定费用）后得到利润。期末存货按照单位变动成本计价。具体计算过程和结果如表2－6所示：

表2－6 变动成本计算法：贡献式利润表 金额单位：元

| 销量 | 10 000（袋） | 15 000（袋） | 20 000（袋） |
|---|---|---|---|
| 收入（单价×销量） | 100 000 | 150 000 | 200 000 |
| 期初存货 | 0 | 0 | 0 |
| 变动生产成本 | 120 000 | 120 000 | 120 000 |
| 期末存货成本 | 60 000 | 30 000 | — |
| 减：变动销售成本 | 60 000 | 90 000 | 120 000 |
| 贡献毛益 | 40 000 | 60 000 | 80 000 |
| 减：期间成本 | 45 000 | 45 000 | 45 000 |
| 税前利润（损失） | （5 000） | 15 000 | 35 000 |
| 单位产品利润（损失） | －0.5 | 1.00 | 1.75 |
| 单位贡献毛益 | 4 | 4 | 4 |

由此我们可以得出下列结论：

1. 在不同的销量水平下，单位产品的利润不同，其原因是随着销售数量的变化，单位产品所吸收的固定成本是变化的。

2. 当产销量变动时，贡献毛益总额会随着产销量的变动而同比例变动，但单位贡献毛益却保持不变。

3. 由于单位贡献毛益不变，所以，在计算任何销量条件下的预计利润时，可以采用以下方法：

（1）先计算贡献毛益总额；

（2）然后将固定性费用作为期间成本扣除即可得到利润。

例如，本例中如果计算销量在300 000袋条件下的利润，则按上述方法得：

（1）贡献毛益总额＝单位贡献毛益×销售量

＝4×300 000＝1 200 000（元）；

（2）减：期间成本　45 000元；

（3）得：利润　1 155 000元。

4. 当贡献毛益总额大于固定费用（期间成本）时，企业处于盈利状态；反之则处于亏损状态；当贡献毛益总额等于固定费用（期间成本）时，企业处于盈亏平衡状态。

## 四、小结：变动成本法的优点及局限性

### （一）变动成本法的优点

从上述变动成本法的应用分析及其与完全成本法的比较可以看出，变动成本法的优点是：

1. 能够为企业经营决策的制定提供相关性更强的会计信息

企业的经营（短期）决策不同于长期决策，它一般不考虑生产经营能力即固定资产方面的因素；在比较各种决策方案时，管理者最关心的是成本、产量和利润之间的依存关系。而变动成本法把企业的全部成本分为固定成本和变动成本，而且产销量的变化只与变动成本相关，这些信息可以帮助管理者更合理地确定相关成本和编制预算。

2. 促使管理者了解企业的真实盈利能力，防止盲目生产

采用完全成本法，由于存货计价方法的影响，企业很容易出现销量下降、利润反而增长的异常现象，从而容易助长只重视生产、忽视销售的不良倾向。而在变动成本法下，利润的增长只同销售量的增长同向变动，消除了生产量对利润的影响，从而促使企业管理者转向市场开拓与管理。

3. 有利于管理者正确地进行不同期间的业绩评价

在完全成本法下，由于存货计价及其结转的原因，当本期的生产能力得不到充分利用时，单位成本会随产量的下降而上升。当其中部分产品转入下期销售时，这种损失还会部分地转嫁到下期，从而减少下期的利润。反之，则会增加下期的利润，使盈亏水平不能正确反映当期的生产成本。当采用变动成本法时，消除了存货结转对下期利润水平的影响，可以避免这种不合理情况的发生，从而可以更加合理地评价各期的经营业绩。

### （二）变动成本法的局限性

尽管变动成本法有以上诸多优点，但也不可避免地具有以下缺陷：

1. 变动成本法无法提供长期决策所需使用的全部成本资料，因此进行长期决策及其他决策时，必须将固定制造费用再作分摊，以确定产品的总成本。

2. 采用变动成本法可能会引起所得税方面的问题，而采用完全成本法时，则不会有此问题。

3. 将半变动成本划分为固定成本与变动成本，经常不够准确，因此管理人员可能因为采用不正确的产品成本信息，而导致错误的结论。

4. 采用变动成本法编制财务报表时，可能导致股东、债权人、员工及其他利益相关者作出错误的决策。所以在对外报告方面，这种方法未被接受。

5. 最重要的一点，即变动成本法也是采用单一动因——产量来决定产品成本计算，故其准确性虽比完全成本法高一些，但依然有很大局限性。

# 本章小结

本章从管理会计的角度讨论了完全成本法和变动成本法，描述了这两种成本计算方法的主要特点及其局限性。为了说明问题，我们还专门界定了成本计算制度的基本问题、单位成本的意义和实际成本与正常成本的计算方法。

在完全成本法下，举例说明了采用全厂制造费用分配率和部门制造费用分配率分配制造费用的过程和计算方法。在变动成本法下，举例说明了变动成本计算对企业利润确定过程的影响；此外，以比较的方式，讨论了变动成本法的主要优点及其局限性。

# 第三章　作业成本法

上一章我们讨论了传统成本法——完全成本法和变动成本法，指出了这两种成本计算方法所存在的主要缺陷。为了克服这些缺陷，我们需要进一步研究作业成本计算制度。作业成本制度由两部分构成：作业成本计算和作业管理。在本章我们主要讨论前者。

## 第一节　作业成本计算制度产生的背景

管理会计实践与理论的发展和创新，是社会经济、技术等诸多因素共同作用的结果。作业成本计算制度的产生与发展也不例外。在第一章我们简要地描述了新的制造环境、新的管理思维与管理会计方法创新的关系。在此，我们借助讨论作业成本计算制度产生的背景，对这些问题再作进一步的阐述。

作业成本计算制度产生的背景可以从两方面加以论述。

### 一、技术经济背景

从技术背景看，自20世纪70年代以来，以信息技术为先导的产业技术革命的发展日新月异，其主要成果表现为机器人的发明与应用、计算机辅助设计与辅助制造和计算机集成系统的创新与普及等。

从经济背景来看，20世纪80年代以后，代表市场经济发展潮流的国家（如美国、日本等）及其企业，面临着新的市场环境，这主要表现在：一是经济全球化所导致的全球性竞争日趋激烈；二是由需求的多样性与多层次性所导致的客户挑剔性日益增强。这种宏观环境为每个企业提出两个严峻的问题：一是如何应对经济全球化，并在全球性竞争中保持战略竞争优势；二是如何改造以规模经济为特征的大批量生产方式，以应对挑剔性客户的需求。

为了适应新的环境，发达国家的企业纷纷把信息革命所带来的技术成果广泛地应用于生产与服务领域，其结果导致了一场管理革命。这场革命以计算机自动化集成系统的应用为生产技术基础，以信息网络技术的应用为商务沟通手段，大大缩减了企业提供产品与劳务的时间与空间；在管理哲学上，企业开始树立持续改善和提高市场反应速度的理念，从“规模经济”思想转向“大规模定制”思想；在经营管理方法上，开始采用适时生产系统，建立迅速适应挑剔的客户化生产系统——柔性制造系统，随之而来的是企业必须要有柔性战略和柔性组织设计与之相适应；在控制方法上，开始建立以提高生产力、降低成本、改善质量的决策管理与控制体系。客观上讲，这些新的管理理念与方法动摇了传统成本计算制度赖以存在的社会经济与技术基础。

### 二、客观需求背景

任何一种成本计算制度都必须有效地解决成本计量与成本分配的问题，以保证成本信息的相关性和准确性。在新的技术经济条件下，企业为了适应市场竞争和发展战略需要，客观上必须要有准确性更高、相关性更强的成本信息予以支持。但无论是完全成本法，还是变动成本法都无法很好地达到这一要求。如前所述，传统的成本制度都是以“产品”为中心，采用单一的“单位基准”动因（产量动因）进行成本计算。完全成本计算制度假设是直接材料和直接人工构成产品成本的主要部分，而制造费用在总成本中只占很小比重，处于次要地位。但在新的环境下，智力与知识的投入大幅增加，高度自动化生产大大降低了直接人工的比重，从而使制造费用的比重大幅上升。这时无论是从产品成本计算的准确性，还是从控制成本的有效性来看，完全成本法都无法满足成本管理的要求。

就变动成本法而言，它并没有改变完全成本计算与分析的单一动因基础，只是从管理控制的角度，构造了以单一动因（产量动因）为基础的成本性态分析模型，把固定性制造费用分离于成本分摊之外。而且把相当一部分可以通过其他成本动因进行归集的相关成本，都作为固定性制造费用“一次性”处理掉。因此，由于计量成本的基础没有改变，管理者也无法通过变动成本计算制度全面了解成本到底是如何和因何变化的，进而也就无法针对具体的成本动因管理和控制成本变动。更重要的是，变动成本法只能适应企业短期决策管理和控制的需要，而对企业长期的、战略性的决策管理与控制的支持显得无能为力。相反，作业成本计算制度试图以多种基准，即多层次、多种类的动因来计量、分配成本并解释成本性态。其结果，一方面提高了成本信息的准确性，另一方面提高了成本信息与短期和长期决策管理与控制的相关性，因此，作业成本计算制度的产生有其强烈的客观需求动因。

综上所述，作业成本计算制度的产生有着深厚的社会经济技术背景和客观要求基础，它代表着企业成本制度的未来发展趋势。

## 第二节　作业成本法

### 一、作业成本法的基本假设

作业成本计算袭用了完全成本法的“两阶段”成本归集过程，其最终结果也是为企业经营中所发生的全部成本安排“归宿”。但作业成本法打破了完全成本法采用单一动因基础分配成本的理念，采用多种动因基础，对多项成本进行归集，为此，作业成本法提出了两个基本假设：（1）作业消耗资源；（2）产品消耗作业。

在这两个假设下，作业成本计算法的基本原理可以概括为：依据不同的成本动因分别设置成本库，再分别以各种产品所耗费的作业量分摊其在该成本库中的作业成本，然后，分别汇总各种产品的作业总成本，计算各种产品的总成本和单位成本。由此可见，作业成本法将着眼点放在作业上，以作业为核算对象，依据作业对资源的消耗情况将资源的成本分配到作业，再由作业依据成本动因追溯或分摊到产品，最终确定单位产品成本。产品、作业和资源之间的关系以及由此决定的成本计算流程如图 3－1 所示①。

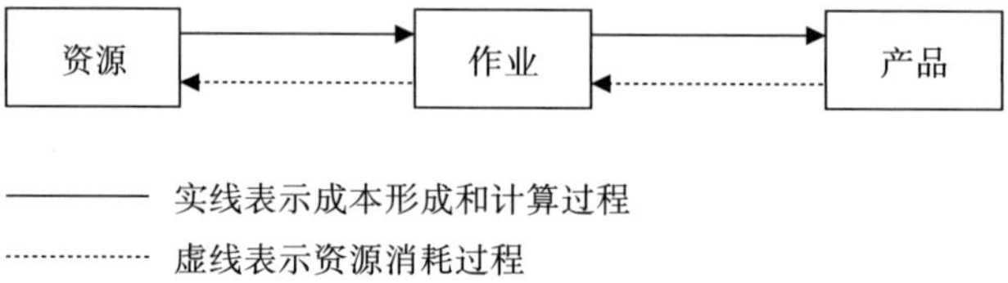


**图 3－1　作业成本法原理**

## 二、作业成本法的成本分配流程

根据以上原理，作业成本法的成本分配流程如图 3－2 所示。

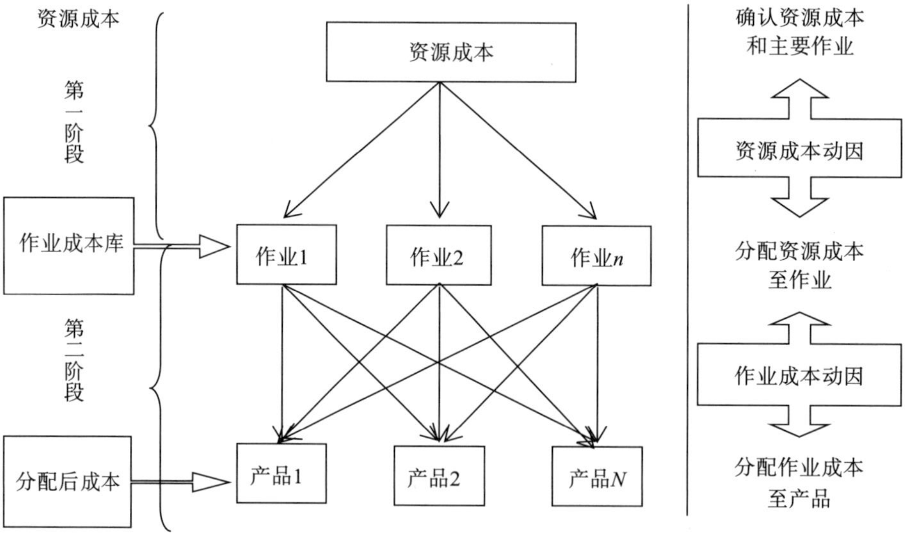


**图 3－2　作业成本法的成本分配流程**

图 3－2 表明，作业成本计算分为两个阶段：第一阶段是将资源耗用，即资源成本归集到各个作业；第二阶段是将各个作业成本归集到相关产品、劳务乃至客户。具体来说：

① 资料来源：余绪缨主编：《管理会计学》，中国人民大学出版社，1999 年版，第 439 页。

### （一）第一阶段：把资源成本归集到作业

在这一阶段要完成以下任务：

1. 确定资源成本，即确认和计量企业所投入的各种经济资源（材料、人工、资本及动力等）以及资源耗费的过程。

2. 确定各项作业，即把企业经营的全过程划分为一定数量的作业。在确定作业数量时，究竟应划分和确定多少作业，应遵循“成本—效益”原则，在“粗分”与“细分”之间进行权衡，划分过“粗”，会导致在一项作业中含有不相关作业成本，但划分过“细”，工作量太大，企业为此付出的成本过于高昂。

3. 确定资源成本动因，即确定引致每项作业消耗一定量资源的各种因素及消耗方法。资源成本动因是联系资源成本和作业的纽带，是资源成本分配的基础。表 3－1 是几种资源动因的例子。

**表 3－1　　资源动因的几个例子**

| 成本要素（资源） | 资源动因 |
|---|---|
| 职工医疗保险 | 职工人数 |
| 人力 | 消耗劳动时间 |
| 动力 | 消耗电力度数 |
| 房屋租金 | 使用面积 |
| 折旧 | 所用设备的价值 |

4. 根据各项作业耗用资源成本动因数，把各项资源成本逐项分配到作业成本库。成本库的划分过程是：

（1）按一定的作业基准（如单位基准、批次基准、品种基准和设施基准）把各项作业加以归类，每种基准下的各项作业构成一个“作业库”。

（2）在同一个作业库中的所有作业，必须在同一作业基准上执行；同时，各个作业必须使用相同的作业动因分配成本。图 3－3 展示了形成同一作业库的作业归类模型。注意：其中设施基准作业不必进行动因的分类①。

（3）用每个作业库中每项作业成本的总和构成一个作业成本库。

到此为止，就完成了作业成本计算的第一阶段。这一阶段反映了作业成本法的第一个假设：作业消耗资源，作业的多少决定资源消耗量的大小。

---

① 资料来源：D. R. 汉森、M. M. 莫文著《管理会计》（中译本），北京大学出版社、科文（香港）出版有限公司，2000 年版，第 134 页。

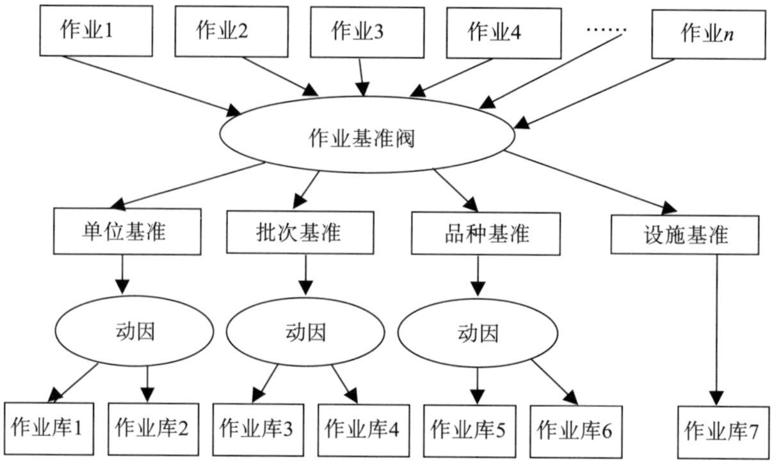


**图 3-3 作业归类模型**

### （二）第二阶段：把作业成本归集到各个产品中

在这一阶段要完成的任务有：

1. 确定各项作业的作业动因，即确定导致产品和劳务消耗作业的因素与消耗方式。

2. 根据作业成本动因，计算作业成本动因分配率，这是作业成本库总成本分配到成本对象（产品、劳务、客户等）的标准。

3. 根据各项作业所耗用的作业成本动因数将各成本库的总成本计入有关产品（劳务或客户），从而完成完工产品（劳务或客户）的成本计算。

这一阶段，联系作业成本与产品（劳务或客户）的纽带是“作业成本动因”，它反映了作业成本的第二个假设，即产品消耗作业，产出量的大小，决定作业耗用量多少。

应该指出的是：使用作业成本动因是作业成本法的一项创新，但也是这种方法最昂贵的一面。作业成本动因的选择，实际上是在计量的准确性与计量的成本之间的权衡。面对大量的作业与产品或劳务之间的潜在联系，我们应该尽量减少各项作业成本动因的数量。因此，在选择成本动因时须注意：

（1）成本动因应简明、易懂、可数，容易从现有的资料中分辨出来，并与部门产出有直接的关联性；

（2）代表性与全面性相平衡。

## 三、作业成本法计算举例

下面举一个运用作业成本法计算产品成本的例子，旨在说明作业成本法计算产品成本的全部过程①。

**【例 3-1】**假设某机床厂生产甲、乙两种产品。这两种产品的生产工艺过程基本相

① 资料来源：王立彦、刘志远主编：《成本管理会计》，经济科学出版社，2000 年版，第264 页。

同，两者的区别在于：甲产品属于标准配件，批量大、产量高、加工过程简单，每批产量为4 000件。乙产品属于非标准配件，批量小、产量低、加工过程复杂，每批只能生产10件。该厂采用作业成本法计算产品成本。所涉及的作业主要有七项：（1）订单处理；（2）车削；（3）镗床设备调整；（4）镗空；（5）成品检验；（6）产品设计改良；（7）一般管理。

其他有关资料如下：

（1）本月该厂共生产甲产品5批，共计20 000件，乙产品140批，共计1 400件。

（2）订单处理作业全月有能力处理1 008份订单。本月实际处理订单800份，其中甲产品订单500份，乙产品订单300份。

（3）车床共5台，全月总共能提供840机器小时的生产能力。车床调整可在较短时间内由机器自动完成，因此没有必要单独作为一项作业来处理。车床如果用于加工甲产品，每件需1.8分钟（即1分48秒）；如果用于加工乙产品，每件则需2.4分钟（即2分24秒）。

（4）镗床共4台，全月总共可利用640机器小时，但不能全部用于生产。因为机器调整会消耗一定的时间。镗床每生产一批新产品，则需要调整一次。在连续生产同一批产品件数达到1 000件时也需要进行一次调整。每台镗床调整一次需要24分钟。镗床如果用于加工甲产品，每件需1.5分钟；如果用于加工乙产品，每件则需2分钟。

（5）成品检验：甲、乙两种产品的检验过程完全相同。该厂全月有能力检验800件产品。对于甲产品，每批需要随机抽样10件进行检验。对于乙产品，每批需要随机抽样3件进行检验。

（6）该厂进行“产品设计改良”作业是采用计算机辅助设计系统来完成的。该系统全月总共能提供840个机时。本月用于甲产品设计改良的机时数为168机时，用于乙产品设计改良的机时数为420机时。

（7）一般管理：本月人员及设施等利用程度为75%。

（8）甲产品每件消耗直接材料1.5元，乙产品每件消耗直接材料1.8元。

要求：采用作业成本法计算以上两种产品的成本。

根据以上资料，采用作业成本法计算该厂两种产品成本的基本步骤如下：

1. 确定企业本月所提供的各类资源成本。

根据相关资料，本月该厂所提供的各类资源成本情况如表3－2所示。

表3－2 企业所提供的各类资源成本 单位：元

| 资源项目 | 工　资 | 电　力 | 折旧费 | 办公费 |
|---|---|---|---|---|
| 资源价值 | 23 400 | 4 800 | 24 400 | 8 500 |

2. 确定各种主要作业，建立作业成本库。

根据有关资料，该企业生产甲、乙产品所涉及的主要作业有：订单处理、车削、镗床设备调整、镗空、成品检验、产品设计改良和一般管理共七项作业。按照作业成本库划分的原则和程序为每项作业分别设立作业成本库，用于归集各项作业实际消耗的资源。对于镗床设备调整作业及镗空作业，首先将其合并，一起计算各项资源耗用量，然后再按机器调整所耗用的机器小时数与可用于加工产品的机器小时数之间的比例进行分配。

3. 确定各项资源成本动因，将各项资源成本分配到各作业成本库中。

（1）工资费用的分配：

工资费用消耗的动因在于各项作业“消耗人力”，因此，应根据完成各项作业的职工人数和工资标准对工资费用进行分配。分配结果如表 3－3 所示：

**表 3－3　工资资源的分配**

单位：元

| 作业<br>资源 | 订单处理 | 车削 | 镗空及设备调整 | 成品检验 | 产品设计改良 | 一般管理 | 合计 |
|---|---|---|---|---|---|---|---|
| 职工人数（人） | 2 | 5 | 4 | 4 | 4 | 3 | — |
| 每人月工资额（元） | 800 | 1 000 | 1 200 | 1 250 | 1 000 | 1 000 | — |
| 各项作业月工资（元） | 1 600 | 5 000 | 4 800 | 5 000 | 4 000 | 3 000 | 23 400 |

（2）电力资源分配：

电力资源消耗的原因在于“用电”，其数量多少可以由用电度数来衡量。已知每度价格为 0.5 元。具体分配结果如表 3－4 所示：

**表 3－4　电力资源的分配**

单位：元

| 作业<br>资源 | 订单处理 | 车削 | 镗空及设备调整 | 成品检验 | 产品设计改良 | 一般管理 | 合计 |
|---|---|---|---|---|---|---|---|
| 用电度数（度） | 400 | 2 500 | 3 200 | 2 800 | 360 | 340 | 9 600 |
| 办公费（元） | 200 | 1 250 | 1 600 | 1 400 | 180 | 170 | 4 800 |

（3）折旧费与办公费的分配：

折旧费发生的原因在于各项作业使用了有关固定资产。因此，可根据各项作业固定资产运用情况来分配折旧费。这种运用通常具有“专属性”，即特定固定资产由特定作业所运用。各项办公费也具有“专属性”，其分配方法与折旧费的分配大体相同。有关分配结果如表 3－5 所示：

**表 3－5　折旧费及办公费的分配**

单位：元

| 作业<br>资源 | 订单处理 | 车削 | 镗空及设备调整 | 成品检验 | 产品设计改良 | 一般管理 | 合计 |
|---|---|---|---|---|---|---|---|
| 折旧（元） | 2 500 | 4 000 | 5 600 | 7 700 | 2 400 | 2 200 | 24 400 |
| 办公费（元） | 1 200 | 600 | 1 400 | 1 900 | 1 600 | 1 800 | 8 500 |

为了将镗床设备调整与镗空两项作业所耗用资源成本分开，需要计算镗床设备调整所消耗的机器小时数。镗床设备调整次数：甲产品需要 20 次，乙产品需要 140 次，总调整次数为 160 次。需要消耗机器小时数共计 $160 \times 24/60 = 64$（小时），占镗床总机器小时数的 10%。镗床可用于生产的机器小时数为 $640 - 64 = 576$（小时），占镗床总机器小时的 90%。将上述“镗空及设备调整”栏目中的数字乘以 10% 即为镗床设备调整所消耗的资源，其余 90% 即为镗空作业所消耗的资源。将上述有关结果汇总，如表 3－6 所示。

表 3-6　　资源向各作业间的分配　　单位：元

| 资源＼作业 | 订单处理 | 车削 | 镗床设备调整 | 镗空 | 成品检验 | 产品设计改良 | 一般管理 |
|---|---|---|---|---|---|---|---|
| 工　资 | 1 600 | 5 000 | 480 | 4 320 | 5 000 | 4 000 | 3 000 |
| 电　力 | 200 | 1 250 | 160 | 1 440 | 1 400 | 180 | 170 |
| 折旧费 | 2 500 | 4 000 | 560 | 5 040 | 7 700 | 2 400 | 2 200 |
| 办公费 | 1 200 | 600 | 140 | 1 260 | 1 900 | 1 600 | 1 800 |
| 作业成本合计 | 5 500 | 10 850 | 1 340 | 12 060 | 16 000 | 8 180 | 7 170 |

4. 确定各项作业的成本动因。有关结果如表 3-7 所示：

表 3-7　　各项作业的成本动因

| 作　　业 | 作业成本动因 |
|---|---|
| • 订单处理 | • 订单处理份数 |
| • 车削 | • 开动机器小时数 |
| • 镗床设备调整 | • 镗床调整次数 |
| • 镗空 | • 开动机器小时数 |
| • 成品检验 | • 检验件数 |
| • 产品设计改良 | • 计算机时数 |

对于“一般管理”这项作业，其成本动因比较复杂。因此在计算甲、乙两种产品消耗该资源成本时，予以另行处理。

5. 计算有关作业成本动因分配率。计算结果如表 3-8 所示：

表 3-8　　作业成本动因分配率的计算过程

| 作　业 | 订单处理 | 车削 | 镗床设备调整 | 镗空 | 成品检验 | 产品设计改良 |
|---|---|---|---|---|---|---|
| 作业成本（元） | 5 500 | 10 850 | 1 340 | 12 060 | 16 000 | 8 180 |
| 提供的作业量 | 1 008 | 840 | 160 | 576 | 800 | 840 |
| 作业成本动因分配率 | 5.46 | 12.92 | 8.38 | 20.94 | 20.00 | 9.74 |

6. 计算甲、乙两种产品实际消耗的资源成本。

（1）本月车床实际消耗 656 个机器小时数，其中：

①加工甲产品消耗 20 000×1.8/60=600（机器小时）

②加工乙产品消耗 1 400×2.4/60=56（机器小时）

（2）本月镗床实际消耗 546.67 个机器小时数，其中：

①加工甲产品消耗 20 000×1.5/60=500（机器小时）

②加工乙产品消耗 1 400×2/60=46.67（机器小时）

（3）本月检验产品总数为 470 件。其中：

①对甲产品抽样 5×10=50（件）

②对乙产品抽样 140 ×3 =420（件）

根据上述有关结果即可求出甲、乙两种产品实际消耗的资源成本。计算结果如表 3 –9 所示：

表 3 –9　甲、乙两种产品实际消耗的资源成本

| 作　业 | 作业分配率 | 实际耗用作业成本动因数 | | | 实际耗用资源成本（元） | |
|---|---|---|---|---|---|---|
| | | 甲产品 | 乙产品 | 合计 | 甲产品 | 乙产品 |
| 订单处理 | 5.46 | 500 | 300 | 800 | 2 730 | 1 638 |
| 车削 | 12.92 | 600 | 56 | 656 | 7 752 | 724 * |
| 镗床设备调整 | 8.38 | 20 | 140 | 160 | 168 | 1 173 |
| 镗空 | 20.94 | 500 | 47 | 547 | 10 470 | 984 |
| 成品检验 | 20.00 | 50 | 420 | 470 | 1 000 | 8 400 |
| 产品设计改良 | 9.74 | 168 | 420 | 588 | 1 636 | 4 090 |
| 一般管理 ** | 0.13 | 23 756 | 17 009 | 40 765 | 3 088 | 2 211 |
| 合计 | | | | | 26 844 | 19 220 |

* 为方便读者阅读，该表中数字的小数部分（除作业分配率外）均作了四舍五入取整数处理。

** 甲、乙两种产品所消耗的“一般管理”作业成本的计算过程如下：

· 甲、乙两种产品实际消耗的“一般管理”作业成本之和为：

7 170 ×75% =5 377.5（元）

· 可按甲、乙两种产品其他各项作业所消耗的资源成本之和的比例分配，具体如下：

甲产品耗用其他各项作业成本资源之和为：

2 730 +7 752 +168 +10 470 +1 000 +1 636 =23 756（元）

乙产品耗用其他各项作业资源成本之和为：

1 638 +724 +1 173 +984 +8 400 +4 090 =17 009（元）

· “一般管理”作业成本分配率 =5 377.5/（23 756 +17 009） =0.13

· 甲产品实际消耗的一般管理作业资源成本 =23 756 ×0.13≈3 088（元）

· 乙产品实际消耗的一般管理作业资源成本 =17 009 ×0.13≈2 211（元）

7. 计算甲、乙两种产品的总成本。

甲产品直接材料 =20 000 ×1.5 =30 000（元）

乙产品直接材料 =1 400 ×1.8 =2 520（元）

甲产品总成本 =30 000 +26 844 =56 844（元）

乙产品总成本 =2 520 +19 220 =21 740（元）

8. 计算未耗用资源成本。计算过程及有关结果如表 3 –10 所示。

表 3 –10　未耗用资源成本

| 作　业 | 分配率 | 未耗用作业成本动因数 | 未消耗资源成本（元） |
|---|---|---|---|
| 订单处理 | 5.46 | 1 008 –800 =208 | 1 136 |
| 车削 | 12.92 | 840 –656 =184 | 2 377 |
| 镗床设备调整 | 8.38 | 0 | 0 |

续表

| 作　业 | 分配率 | 未耗用作业成本动因数 | 未消耗资源成本（元） |
|---|---|---|---|
| 镗空 | 20.94 | 576 - 547 = 29 | 607 |
| 成品检验 | 20.00 | 800 - 470 = 330 | 6 600 |
| 产品设计改良 | 9.74 | 840 - 588 = 252 | 2 454 |
| 一般管理* | — | — | 1 793 |
| 合计 | — | — | 14 967 |

* 一般管理作业成本的25%，即：7 170 × 25% = 1 793（元）。

9. 将上述有关结果汇总，即可得到甲、乙两种产品的成本计算表，如表 3 - 11 所示：

**表 3 - 11　　成本计算表**　　单位：元

| | 耗用资源成本 | 甲产品 | | 乙产品 | | 未耗用资源成本 |
|---|---|---|---|---|---|---|
| | | 单位成本 | 总成本 | 单位成本 | 总成本 | |
| 1. 单位基准作业 | | | | | | |
| 直接材料 | 32 520 | 1.50 | 30 000 | 1.80 | 2 520 | 0 |
| 车削 | 10 850 | 0.39 | 7 752 | 0.52 | 724 | 2 377 |
| 镗空 | 12 060 | 0.52 | 10 470 | 0.70 | 984 | 607 |
| 小计 | 55 430 | 2.41 | 48 222 | 3.02 | 4 228 | 2 984 |
| 2. 批次基准作业 | | | | | | |
| 订单处理 | 5 500 | 0.14 | 2 730 | 1.17 | 1 638 | 1 136 |
| 镗床设备调整 | 1 340 | 0.01 | 168 | 0.84 | 1 173 | 0 |
| 成品检验 | 16 000 | 0.05 | 1 000 | 6.00 | 8 400 | 6 600 |
| 小计 | 22 840 | 0.20 | 3 898 | 8.01 | 11 211 | 7 736 |
| 3. 品种基准作业 | | | | | | |
| 产品设计改良 | 8 180 | 0.08 | 1 636 | 2.92 | 4 090 | 2 454 |
| 小计 | 8 180 | 0.08 | 1 636 | 2.92 | 4 090 | 2 454 |
| 4. 设施基准作业 | | | | | | |
| 一般管理 | 7 170 | 0.15 | 3 088 | 1.58 | 2 211 | 1 793 |
| 小计 | 7 170 | 0.15 | 3 088 | 1.58 | 2 211 | 1 793 |
| 合计 | 93 620 | 2.84 | 56 844 | 15.53 | 21 740 | 14 967 |

注：① 本月该厂共生产甲产品 5 批，共计 20 000 件；乙产品 140 批，共计 1 400 件。

②由于计算过程中采取了四舍五入，所以使“甲产品总成本”“乙产品总成本”及“未耗用资源成本”三栏数字之和与“资源提供量”一栏数字不完全相等。

## 四、作业成本法的主要特点

综上所述，作业成本法作为一种新的、全面的成本计算制度，与传统的完全成本法和变动成本法相比具有以下主要特点：

### （一）作业成本法所提供的成本信息更准确

作业成本法与传统成本法的一个重要区别在于对制造费用的分配处理。传统成本法采用单一的数量动因基础分配制造费用。由于间接费用的发生与数量动因并不成比例，甚至不相关，故传统成本法所提供的成本信息，不符合各产品或劳务消耗经济资源的客观实际。而作业成本法采用多元分配基准，用不同的成本动因把企业发生的制造费用汇集到相应的成本库，然后再根据各成本对象的作业耗用量分配成本库中的作业成本，从而使产品、劳务所耗用的各项作业成本信息更加清晰、准确；同时，在成本分配过程中，作业成本法不仅充分考虑财务性因素，而且还特别强调非财务性因素，诸如准备次数、理货次数、运送距离以及检验次数等，这些都为企业经营过程的持续改善提供了可能。

### （二）作业成本法所提供的成本信息更具相关性

传统成本法将许多成本作为期间费用，采用在发生当期“一次性扣除”的办法处理，而不进行具体分配。这势必掩盖了许多确定相关成本的因素，造成成本信息的扭曲。作业成本法则不同，它通过多种基准的成本动因分析，把企业整个经营过程中多个职能项目（如研发、试制、生产、销售、配送、客户服务等）的成本动因进行归类分析，大大提高了成本与作业、作业与产品的相关性。毫无疑问，提供这样的成本信息更有利于企业进行战术与战略性决策。

### （三）作业成本法完善了成本性态分析

传统的成本计算法，采用单一的数量动因进行成本性态分析，在相关范围内，有相当一部分成本被划作固定成本。作业成本法强调多基准作业动因下的成本性态分析。虽然它并没有打破“相关范围”的假设，但却使这一假设大大放松，从而最大限度地减少了固定成本的范围。如前所述，在四类作业基准动因中，只有“设施基准”动因下的作业成本才是固定的，而且，在一定条件下（如 JIT 生产方式下）连这部分成本也是可变的，这意味着“相关成本”的范围更加广泛，从而使企业的决策管理与控制更为有效。

### （四）作业成本法跳出了“就成本论成本”的传统图圄，展示了其运用于企业战略性分析与控制的潜力

传统成本计算法只就成本论成本，只是为了存货的估价而将已发生的费用分配到成本对象，阻断了企业战略过程分析的可能性，故其只能为企业的短期决策管理与控制服务。作业成本法则不同，它构建了“二维”分析理念，以作业为核心和枢纽，把企业的成本分配和企业的经营管理过程分析统一起来，这一点是作业成本法最为深远的意义所在。作业

成本法的“二维”理念如图 3 –4 所示①：

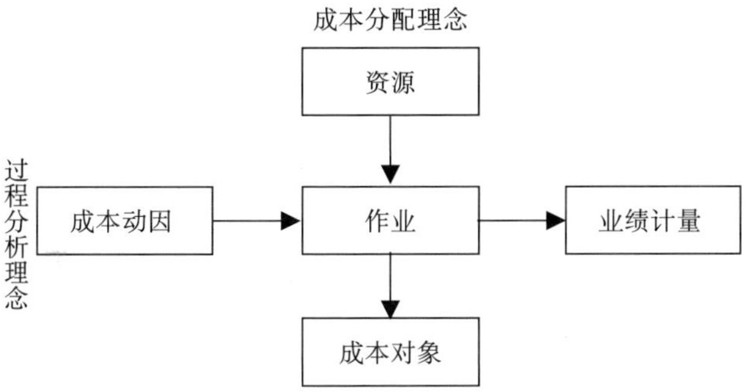


**图 3 –4 作业成本法的“二维”理念**

1. 图 3 –4 的垂直部分，反映了成本分配理念。正如我们前文所分析的，成本对象引起作业需求，而作业需求又引起资源的需求，这是成本分配的“资源流动”。成本分配理念的“成本流动”却恰好相反，它从资源到作业，而后从作业到成本对象。成本分配从“成本流动”与“资源流动”两个侧面全面地提供有关资源、作业和成本对象的信息。

2. 图 3 –4 的水平部分，反映了过程分析理念。它为企业提供有关何种原因引起作业（成本动因）以及作业完成如何（业绩计量）的信息。企业利用这些信息，可以改进作业链，提高源于企业外部的客户价值。作业成本法从纵横两个侧面为企业改进作业链，减少作业耗费，提高作业的效益提供信息。

3. 总之，在新的环境下，作业成本法从以“产品”为中心转移到以“作业”为中心上来，不仅能克服传统成本法的许多固有缺陷，提供较客观、真实的成本信息，而且更为重要的是作业成本法不只对最终产品成本进行控制，就成本论成本，而是把着眼点与着重点放在成本发生的前因和后果上，以作业为核心，以资源流动为线索，以成本动因为媒介，通过对所有作业活动进行跟踪动态反映，对最终产品形成过程中所发生的作业成本进行有效控制。从这个意义上讲，作业成本计算制度引发了一场管理革命。

## 五、作业成本法与战略和绩效计量相结合

作业成本法实施中的一个重要问题是说服组织使用这些数据。图 3 –5 给出了作业成本法数据广阔的使用背景。在该图中，事先制定好的策略被放在左上方，绩效指标在右下方，而策略确立了需要资源的水平，绩效相当于“仪表盘”，它监控着结果与策略的一致程度。

图 3 –5 虽然开始和结束于客户，但最终是描述组织的付出带来财富的增加或减少，模型的中央是作业成本法“二维”图。模型的最终目的是使公司不断增加股东财务方面的财富。在现实生活中，只有擅长学习的组织才能取得成功，但是学习没有终点。

---

① 参见余绪缨主编：《管理会计学》，中国人民大学出版社，1999 年版，第 448—449 页。

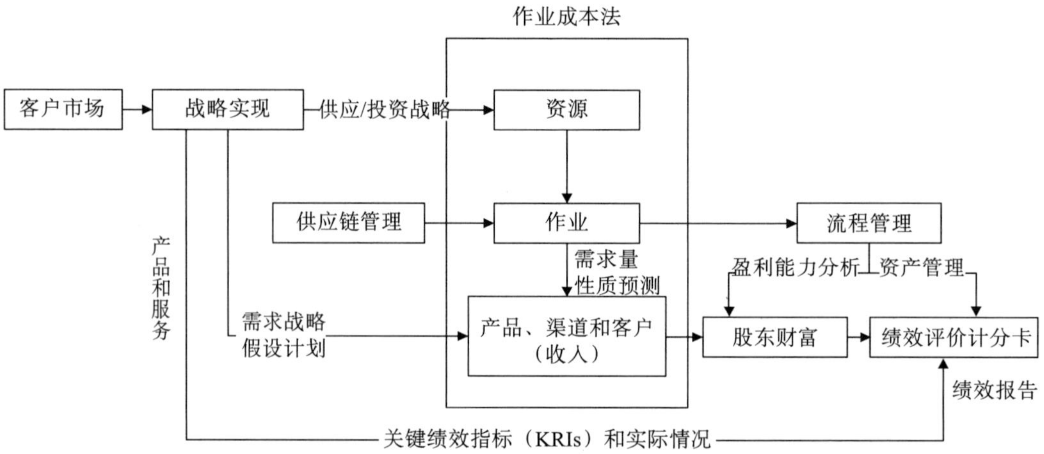


**图 3－5　将作业成本法与战略和绩效相结合**

# 第三节　管理会计系统的选择

管理会计系统设计与安排的一项重要工作就是要保证产品成本计算的准确性与相关性，改进企业的决策管理与控制工作。进一步讲，就是要满足企业在全球性竞争中持续发展的需要，但是管理会计系统的安排又不得不在理想和现实之间做出抉择。从第二章到本章，我们从管理会计的角度，讨论了完全成本法、变动成本法和作业成本法，并对每种成本计算法的特点及优劣作了对比分析。结论是：历史地看，成本计算制度的发展从完全成本法到变动成本法，再到作业成本法是一个由低级到高级的过程；每种成本计算制度提供信息的准确性和相关性，也是一个从低到高的过程。那么，我们是否就可以说企业都应选择作业成本计算制度，而放弃传统的完全成本计算制度和变动成本计算制度呢？显然不能。实际上，在现实中，大部分企业依然在使用传统成本计算制度，这是人们按照“成本—效益”原则进行权衡的结果。

## 一、作业成本法的成本—效益分析

作业成本法的原理及其计算过程表明，作业成本法支持企业管理与控制的思想基础是：准确的产品成本信息总是优于相对不准确的产品成本信息，而且随着成本动因数量的增加，准确性将普遍提高。图 3－6 描述了产品成本的准确性与成本动因个数之间的递增关系。

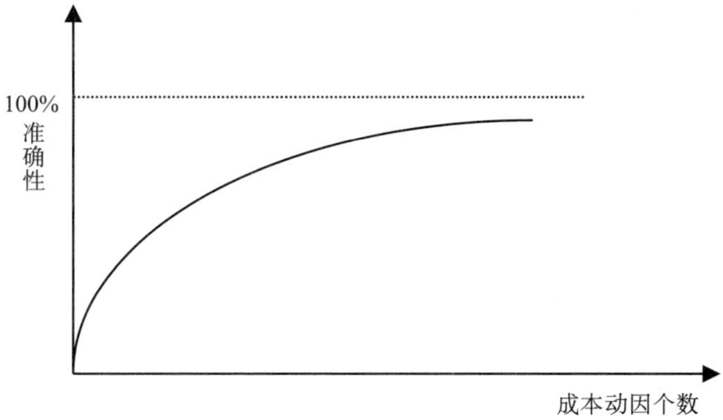


**图 3－6　准确性与成本动因个数的关系**

图 3－6 表明，随着成本动因个数的增加，纳入成本计算系统的制造费用动因便随之增加，成本信息的准确性也就越高，但成本信息准确性的提高速率在下降。

准确性的增加，毫无疑问会使决策与控制活动更具有效率。然而，成本动因数的增加会使会计系统本身的工作量、复杂程度增大，使用这种会计系统所造成的决策与控制的机会成本增加，从而导致制度总成本增大。从这一点来说，设计百分之百准确的成本计算制度，对公司而言并非最有效率的选择。图 3－7 描述了成本动因个数和决策与控制效益之间的关系。

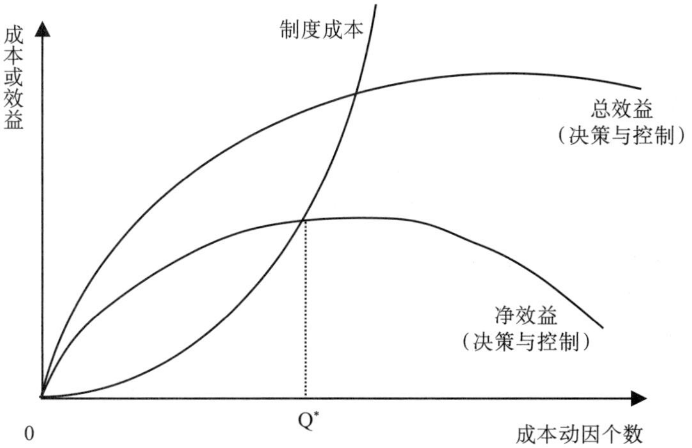


**图 3－7　成本动因个数与效益的关系**

在图 3－7 中，决策净效益是决策总效益与制度成本之差，$Q^*$ 是指实现决策净效益最大化时成本动因的个数。确定 $Q^*$ 的原则是边际成本等于边际收益，该图隐含了这一过程。

在图 3－7 中，制度总成本具体分解为两部分：一是采用作业成本计算制度进行成本分配的直接成本（制度本身的成本），二是采用作业成本计算制度造成的决策权分配体系变化，从而产生的机会成本，即代理成本。这是因为当成本动因越多的时候，代理人的可控因素增多，相应地，其决策自主权增大，从而造成委托人对代理人的监督弱化和控制损失。

以上理论分析表明，任何制度的选择和使用都是有成本的，到底使用哪种制度，取决于企业在制度成本与效益之间的权衡。

## 二、作业成本制度的实践

国外的研究与跟踪结果表明①：目前，在实践中真正采用作业成本制度的企业并不多，有很多企业出于特定内部管理需要，只是局部地使用作业成本法，但并未纳入会计报告体系。另外，有关管理行为方面的调查结果对我们认识问题更有启发。表3－12列示了一项关于对未使用作业成本法的原因的调查结果②（百分比超过100%，是因为每个回答者的回复包含因素不止一个）。

**表3－12　　　　未使用作业成本法的原因**

| 原　　因 | 工厂经理（%） | 财务主管（%） |
|---|---|---|
| 公司管理者的抵制 | 27 | 8 |
| 会计人员的抵制 | 23 | 7 |
| 制造部门管理者的抵制 | 7 | 23 |
| 替换成本太高 | 31 | 44 |
| 无需新系统 | 41 | 34 |

表3－12数据表明，需求是妨碍新系统使用的重要因素。另外，从决策管理与控制的角度看，经营部门（如工厂、销售）的经理更支持作业成本制度，这可能是因为该制度的成本信息更具决策相关性。而抵制作业成本制度的人士主要是企业的职能控制部门（如会计及其管理部门）。其主要原因可能是该成本制度会削弱他们的控制力。

总之，从以上理论分析和实践调查两方面看，作业成本法作为一种全新的成本计算制度，其推广普及的重要条件还不具备，传统的成本计算制度依然有其“适者生存”空间。但我们可以大胆地预见：作业成本制度毕竟是一种先进制度，代表着成本制度发展的未来趋势，这种趋势成为现实已为期不远。从这一意义上讲，企业管理会计系统的设计与安排必须要对这种新制度予以充分考虑。实际上，这关系到企业生存与发展战略的根本目标。正因如此，国内外许多学者和专家都把以作业成本制度为基础的决策管理与控制系统称为“现代管理与控制系统”，把与此相联系的管理会计（系统）称作“现代管理会计（系统）”。

# 本章小结

本章我们主要讨论了作业成本制度中作业成本计算的有关内容。

①② 资料来源：齐默尔曼著：《决策与控制会计》（中译本），东北财经大学出版社，2000年版，第591、593页。

作业成本制度作为一种先进的制度，是新的技术经济环境的产物。作业成本计算的基本假设是“产品消耗作业、作业消耗资源”，因此，作业成本计算的基本程序是：先把资源成本依据资源成本动因归集到作业，再把作业成本依据作业成本动因分配到产品、劳务乃至客户。

作业的划分和作业成本动因的选择是作业成本计算的基础性工作，也是影响作业成本信息准确性和相关性的重要因素，它实际上是在准确性和制度成本之间的权衡。

作业成本制度在支持管理与控制和环境适应性方面有其巨大潜力，但管理会计系统的选择必须考虑成本效益关系和行为因素。

# 第四章　作业管理与持续改善

本章我们将集中讨论企业实现业绩持续改善的主要方法与程序，从而更深刻地理解现代管理会计对企业战略分析与管理控制的支持职能。这些方法和程序包括作业管理、全面质量管理与质量成本控制、资源约束条件下的改善、外包合作、流程再造等。本章我们主要描述作业管理如何帮助企业实施持续改善。

## 第一节　概述

### 一、持续改善与作业管理的含义

简单地说，持续改善就是企业通过一定的方法和程序，不断调整其管理控制点、控制方法和控制流程，改善经营业绩，以不断地适应外部激烈竞争的市场环境。从实践经验来看，企业持续改善主要包括降低成本、改善质量、改善现有产品和服务以满足客户的新需求等。持续改善强调的是一个持续的管理过程，实际上，它涉及企业经营活动与管理的各方面与各个环节。

作业管理是企业实现持续改善的一种系统的、一体化的管理方法。广义地讲，它包括一系列的业绩管理与改善方法，诸如全面质量管理、业务流程再造、作业成本制度、客户盈利性分析、作业基础成本管理与预算等。我们在此将要讨论的作业管理主要是将作业成本制度与作业基础预算结合起来，利用作业成本信息来改善企业经营过程及其业绩的一种管理体系。其管理重心放在作业上，并以提高客户价值和利润为目的，其要素包括成本、质量、时间与创新。

### 二、作业管理涉及的一些基本理念

作业管理模型有两个维度：成本维度（成本理念）和过程维度（过程理念），此处，我们用图 4 - 1 表示作业管理的“二维”模型。

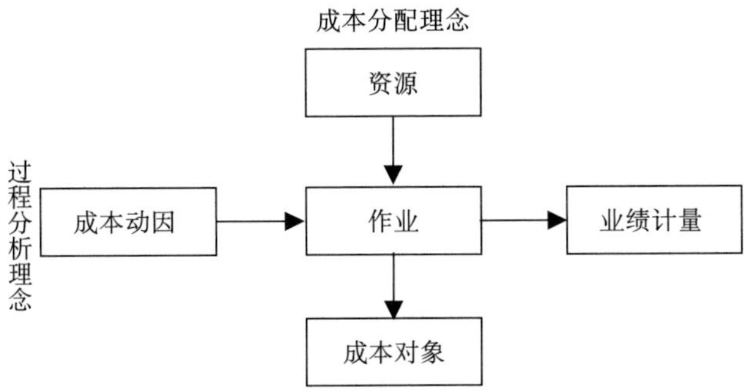


**图 4－1　作业管理的“二维”模型**

图 4－1 表明：成本维度（成本分配理念）提供关于资源、作业和成本对象（产品与客户）的成本信息。这些信息有助于产品成本计算、战略成本管理及成本性态分析；而过程维度（过程分析理念）则提供有关执行什么作业、为什么要执行这些作业和执行结果如何等信息。也正是这一维度提供了考核企业持续改善的能力。因此，作业管理包括产品成本计算和过程价值分析两部分。为了进一步讨论作业管理对实现企业组织决策管理与控制的作用，我们必须首先介绍作业管理所涉及的一些基本理念，然后讨论过程分析与持续改善的环境是如何统一在一起的。

### （一）适时制理念

适时制是一种经营管理系统，其目的是根据客户需求和自身的生产需求来组织生产、采购，无需安排库存。和传统的经营管理系统相比，适时制是由需求拉动的。适时制是一种实现持续改善的管理方法，旨在使产品设计和生产管理系统达到最优状态，从而使企业产品从生产到配售的整个流程更具有效率。我们在此不准备详细介绍适时制的具体程序与方法，也不对适时制的优缺点及其实用性进行评价，而仅对适时制的主要特征作简要归纳，如表 4－1 所示。其目的是为讨论作业管理提供必要的背景知识。

**表 4－1　　适时制系统的基本特征**

| 内容 | 特征说明 |
|---|---|
| 1. 适时制采购 | • 需要供应商与企业制造流程紧密结合，经常性地小批量配送而非大批量供应订单 |
| 2. 制造单元 | • 按照产品或零部件安排机器设备和人工，而不是按工作类型安排<br>• 生产线上要安排完成这些产品或零部件加工的不同的机器设备<br>• 操作机器的工人必须是掌握多技能的技术工人（多面手），而不能局限于仅掌握某一项技能<br>• 既考虑了职能组织结构的灵活性，也考虑了产品组织结构的速度和生产效率<br>• 生产准备时间减少，直至完全消除 |
| 3. 生产准备时间 | • 生产流程的各个部分的运营速度与客户要求的最终产品的速度一致 |
| 4. 统一装配 | • 对应拉动系统的要求，使用看板作为一种信号，以确保在下个流程需要时才生产产品或零部件。除非特别需要，否则不设存货 |

续表

| 内容 | 特征说明 |
| --- | --- |
| 5. 看板管理 | • 强调全员、全过程的质量管理，追求零缺陷产品的生产。它要求通过一次生产就制造出符合质量要求的产品 |
| 6. 全面质量管理 | • 在适时制理念中，只有全体员工参与变革过程，适时制才能实现，企业业绩才能持续改善 |
| 7. 员工 | |

### （二）供应链管理理念

供应链是指从生产产品或提供服务到最终配送到客户手中经过的一系列流程。其中一些流程（生产和销售等）是由企业自身实施的，另一些流程则是由企业外部其他企业或组织完成的。这些企业更多的是作为供应商，为企业提供其所需的产品或服务。因此，一个企业业绩的持续改善，不仅取决于自己，还取决于其供应商。

供应链管理理念关注整个流程，它不仅涉及其内部的经营活动，而且还涉及其他供应商的经营活动。在供应流程中，供应商是企业的同盟，而不仅仅是一个外部既定的企业。供应链管理的方法要求企业确定关键供应商，建立同盟合作关系，以改善供应质量。

### （三）作业成本理念

作业成本理念是我们开展作业管理的基础，因此，除了了解作业成本的计算方法之外，还必须了解作业成本理念对企业实施管理控制与持续改善所产生的影响：

1. 传统上，企业的成本是以组织部门为基础报告的，如生产成本、管理成本等；而作业管理强调跨部门的经营活动，因而，在研究持续改善时应强调作业成本而非部门成本。

2. 作业管理过程不仅强调生产领域的改善，更强调非生产领域——如研发、营销、管理等，因此，持续改善过程需要特别关注这些间接成本，作业成本为更加准确地归集和分配这些间接成本提供了支持。

3. 在作业成本理念下，可控成本的范围大大扩大。在传统成本制度下的许多不可控的间接成本，在作业成本下都变为可控成本，而且很多成本是由客户驱动的，如销售成本、订单处理成本等。因此，持续改善的方法应根据这些理念来分析和设计。

## 第二节　作业管理的过程价值分析

在以上基本理念的基础上，我们遵循过程分析的思路，来介绍作业管理的基本方法。根据作业管理的过程分析的思想，过程价值分析包括三部分：动因分析、作业分析和作业业绩分析①。

## 一、动因分析

动因分析是实施作业管理的第一步。我们知道，每项作业都有投入和产出。作业产出计量实际上是对一项作业需求的计量尺度，我们称之为作业动因。一项作业的需求改变了，作业成本也将随之改变。然而，产出计量是已执行作业的结果，其发生动因常与作业成本的原因不一致。因此，动因分析的目的是揭示作业成本的根本原因，而动因分析就是为找出形成作业成本的根本因素的过程。一旦知道了根本原因，就可以采取措施改善作业，提高经营业绩水平。

一项作业成本的根本起因常常也是其他相关作业的根本起因。例如，检验购入部件（产出计量 = 检验小时数）和再定货（产出计量 = 再定货次数），可能都是由供货质量欠佳引起。通过实行全面质量管理和供货商评价方案，这两种作业以及采购过程本身都可能得到改善。

## 二、作业分析

过程价值分析的核心是作业分析。作业分析就是确认、描述和评价一个组织所执行的作业的价值过程。作业分析应解决四个问题：（1）要做哪些作业；（2）有多少人执行作业；（3）执行作业所需的时间和资源；（4）评估作业对组织的价值，从而决定哪些作业是增值作业，这也是作业分析最重要的一步。为此，作业可划分为增值作业和非增值作业；与之相对应的作业成本可分为增值成本和非增值成本。

### （一）增值作业与增值成本

1. 增值作业

增值作业是指那些有必要保留的作业。有些作业是为了遵守法律规定而产生的，如中国的上市公司为遵守中国证监会的对外报告的有关规定而执行的作业。依照法律，这些规定作业可看成是增值的，其他作业是由企业酌情决定的。当一项酌量性作业同时满足以下三个条件时，我们可视其为增值作业：

（1）该作业将带来状态的改变；

（2）状态的变化不能由先前的作业来完成；

（3）该作业使其他作业得以执行。

用这三个条件识别那些生产操作性作业的增值属性很容易。现以生产液压气缸用铁杆为例说明这一问题：生产液压气缸用铁杆的第一项作业是把铁杆原材料按需要长度进行切割；第二项作业是把切割好的铁杆焊到钢板上。在这两项作业中，切割铁杆作业就是增值

---

① 以下讨论部分参考了 D. R. 汉森，M. M. 莫文著《管理会计》（中译本）第十章的相应内容（北京大学出版社，科文（香港）出版有限公司，2000 年版）。

作业。因为：（1）它引起了状态的变化——没有切割的铁杆变成切割过的铁杆；（2）先前的作业无法产生这种变化；（3）它使焊接作业得以执行。这项作业符合以上三个基本条件，故可以确定它是增值作业。

然而，对于更为一般的作业，如监督生产工人等管理性作业的增值属性就没那么容易识别。管理性作业是专门为管理其他增值作业而设计的，旨在确保其他增值作业得以有效及时地执行。监督无疑应满足第三个条件，但它满足第一个条件吗？回答是肯定的：一是可以把管理监督看作一种能力资源，它由导致产生状态改变的生产操作性作业所消耗。因而，管理监督就是一种投入。之所以需要它，是因为它有助于生产操作性增值作业带来预期的状态改变。二是管理监督保障了必要的秩序，它使状态不协调的作业变成协调的作业。

2. 增值成本

一旦确认了增值作业，我们就可以定义增值成本。所谓增值成本，是指以最优的效率执行增值作业发生的成本。

### （二）非增值作业与非增值成本

1. 非增值作业

所谓非增值作业，是指不为企业带来价值增值的、不必要的作业。也就是说，除了企业中绝对必须保留的作业之外的所有其他作业。如果一项作业不满足前述三个条件的任何一个，就可以断定它是非增值的。通常情况下的非增值作业违反前两个条件。

例如，检验切割过的铁杆就是非增值作业，因为检验是一种状态诊断作业，而不是状态改变作业（它只告诉我们已切割铁杆的状态——长度是否适中）。这样它不满足第一个条件。再一个例子就是返工作业。返工是为了使产品从不合格状态变为合格状态。这项作业虽然导致状态的变化，但该作业是非增值的，因为它是重复性工作；它做的仅是本应在前一作业中完成的工作（违反了第二个条件）。

2. 非增值成本

所谓非增值成本，是指由非增值作业或增值作业的低效执行而引起的成本。由于竞争的加剧，很多企业正在努力消除非增值作业，以降低乃至消除非增值成本。与此同时，提高增值作业的效率。

作业分析的主题是消除浪费。只有消除了浪费，成本才能真正随之降低。因此，作业管理要求管理者应注重成本动因管理而不是成本本身的管理。这是因为虽然成本管理可以提高一项作业的效率，但如果该作业是非必要的，那么这种高效率是没有任何意义的。

3. 非增值作业的例子

非增值作业存在于组织的任何地方。在制造业中，有五种主要作业通常被认为是浪费的和不必要的。

（1）调度：是一种耗费时间和资源来决定何时生产各种产品（或何时进行生产准备，需做多少次生产准备）及生产多少的作业。

（2）搬运：是一种耗费时间和资源将原材料、在产品和产成品从一个部门搬运到另一个部门的作业。

（3）待工：是一种原材料或在产品在等待下一个工序时耗费时间和资源的作业。

（4）检验：是一种耗费时间和资源来确保产品符合规定标准的作业。

（5）仓储：是一种当产品或原材料处于存货形态时耗费时间和资源的作业。

所有这些作业都不能为客户增加任何价值。作业分析的任务就是找出在不需要其中任何一种非增值作业的条件下生产产品或提供服务的途径。

### （三）成本节约

成本节约是持续改善的目标。激烈的竞争要求公司以最低的成本，及时地提供客户需要的产品或劳务。这就意味着企业必须不断地在成本方面进行改善。作业分析是实现成本节约目标的关键。它有四种成本节约方式：

1. 作业消除，主要是针对非增值作业而言的。一旦断定某些作业是非增值的，就须采取措施予以消除。例如，检验外购零件作业看起来是必要的，它确保使用合格的零件生产产品。然而，只有当供应商的产品质量较差时，该作业才是必要的。选择能够提供高质量零件的供应商将会消除外购零件检验作业，实现成本节约。

2. 作业选择，是指在不同作业组之间作出选择。通常企业为了适应环境和竞争的需要，往往要制定不同的竞争战略。而不同的竞争战略会产生不同的作业组合。作业选择的目的就是在其他条件相同情况下，选择成本最低的作业组合。例如，不同的产品开发战略可能需要截然不同的产品设计策略；每一项产品设计策略都有相应的一组作业及相关成本。所以，作业选择就是要选择成本最低的作业组合。

3. 作业减少，是指降低作业所需的时间和资源。这种成本节约方法主要是改善增值作业的效率，或作为短期策略改善非增值作业直至能够将其消除。例如，生产准备作业就是一项能够用更少的时间和资源来完成的增值作业。

4. 作业分享，是指通过实现规模经济来提高增值作业的效率。具体而言，在不增加作业总成本的情况下，增加该成本动因的数量。这样，成本动因的单位成本和追溯到产品的成本都会降低。例如，将新产品设计为可利用其他产品的元件。通过使用现有元件，公司就可避免创建一组全新的作业以及由此而发生的作业成本。

## 三、作业业绩分析

作业业绩分析就是对作业的执行过程及其结果进行考核，以鉴证作业的执行是否实现了持续改善。作业业绩的考核办法既可以是财务性的，也可以是非财务性的。这些办法涉及效率、质量和时间三个主要方面：效率集中体现作业投入与作业产出的关系。例如，提高作业效率的方法之一就是用较低的投入得到同样的产出。质量关注第一次执行时能否就把作业做好。如果作业产出有缺陷，可能需要重复作业，这样就产生非增值成本，同时降低了效率。执行作业的时间要求也很关键。较长的时间通常意味着更多的资源消耗和客户需要的较差反应能力。时间业绩考核倾向于使用非财务方法，而效率和质量的考核办法既有财务的又有非财务的。下面我们仅讨论与作业效率有关的财务性考核方法和有关效率、质量和时间等的非财务性考核方法。

# 第三节 分析作业业绩的财务性方法

分析作业业绩的财务性方法包括：（1）增值和非增值成本报告；（2）成本趋势报告；（3）标杆法；（4）作业弹性预算法；（5）生命周期成本预算法。作业业绩的财务性考核方法主要是提供有关作业业绩变化的货币性信息，以揭示实际和潜在的改善能力。

## 一、增值和非增值成本报告

### （一）报告增值成本与非增值成本的意义

1. 降低非增值成本是提高作业效率的途径之一。企业的会计系统应将增值成本和非增值成本区别开来，并确认和正式地报告每种作业的增值成本和非增值成本的具体情况。通过这种成本报告，可以突出非增值成本，揭示公司目前浪费的程度，提供有关改善潜力的信息，以促使管理人员更加强调对非增值作业的控制。长期追踪这些成本，将有助于管理人员据以评估其作业管理方案的有效性。

2. 从战略的角度来看，了解成本节约的数量有着非常重要的意义。例如，企业的定价决策需要了解和掌握由作业分析产生的成本节约量。如果某项作业被消除了，由此节约的成本应能追溯到单个产品中去。这些节约将使产品价格降低，提高企业的竞争力。因而，成本报告制度是作业责任会计制度的重要组成部分。

3. 以增值标准为尺度，可以更好地理解持续改善过程。在企业组织中，增值成本是唯一应发生的成本。增值标准要求消除所有的非增值作业；对非增值作业来说，最优状态就是零投入零产出。增值标准还要求完全消除导致低效率执行增值作业的因素。这样，增值作业可以达到最优产出水平。因此，增值标准确认了最优作业产出。当然，增值标准作为一种理想目标并不会立即实现。持续改善的思想核心是不断地向理想状态趋近，而不是立即达到。

### （二）增值成本与非增值成本的计算

通过比较实际作业成本和增值作业成本，管理人员能够评估出无效作业（作业低效率）的水平及改善的潜力。因此，需要计算增值成本与非增值成本，而确认和计算增值与非增值成本的关键，是确认每项作业的产出量。一旦确认了作业产出量，就可以界定每项作业的增值标准量（SQ）。将增值标准量乘以标准单价（SP）就可以得到增值成本。非增值成本可由实际作业产出水平（AQ）与增值水平的差额乘以标准单位成本得出，有关计算公式列示如下：

1. 按需求量取得资源

设 SQ = 一项作业的增值产出水平

SP = 每单位作业产出量的标准价格

AQ = 实际作业产出耗用量

则：增值成本 = SQ × SP

非增值成本 = (AQ − SQ) × SP

2. 耗用前预先取得资源

设 AQ = 实际取得的作业能力，且其他变量同前

则 增值成本 = SQ × SP

非增值成本 = (AQ − SQ) × SP

对于耗用前预先取得的资源模式来说，AQ 以实际作业能力计量。这样定义 AQ，使非增值成本计算既适用于变动作业成本，又适用于固定作业成本。对固定作业成本来说，SP 就是预计作业成本除以 AQ，而 AQ 是实际作业能力。

为了进一步解释这些概念，让我们举一个例子。

**【例 4－1】** 设一个企业采用 JIT 生产方式，有四种生产作业：材料耗用、次品返工、生产准备和到货检验。其中材料耗用和生产准备是增值作业，到货检验和次品返工是非增值作业。另设前三项作业是按需求量取得资源，最后一项作业是在耗用前预先取得资源（两个检验员的年薪预算共 60 000 元）。表 4－2 是与这四项作业相关的数据：

**表 4－2　　相关数据**

| 作业 | 作业动因 | SQ | AQ | SP |
|---|---|---|---|---|
| 材料耗用 | 克 | 40 000 | 44 000 | 40（元） |
| 返　工 | 人工小时 | 0 | 10 000 | 9 |
| 生产准备 | 生产准备时间 | 0 | 6 000 | 60 |
| 检　验 | 检验小时 | 0 | 4 000 | 15 |

注意：次品返工和到货检验的增值标准要求消除这些作业，生产准备的增值标准要求达到零生产准备时间。理想状态下，应该没有次品；通过提高质量，改变生产工序等，检验最终能够被消除；生产准备是必要的，但在 JIT 环境下，可以努力使生产准备时间降为零。

要求：根据以上资料，列示增值成本与非增值成本报告并加以分析。

根据以上资料，我们需要将四种作业的成本按增值和非增值进行分类。为了简化和更好地说明与实际成本的关系，假设成本动因的实际单价与标准单价相等，因此，增值成本加上非增值成本等于实际成本。表 4－3 即是成本报告。

**表 4－3　　增值和非增值成本报告**

××年（截止日：12 月 31 日）　　单位：元

| 作　业 | 成　本 | | |
|---|---|---|---|
| | 增值 | 非增值 | 实际 |
| 材料耗用 | 1 600 000 | 160 000 | 1 760 000 |
| 返　工 | 0 | 90 000 | 90 000 |
| 生产准备 | 0 | 360 000 | 360 000 |
| 检　验 | 0 | 60 000 | 60 000 |
| 合　计 | 1 600 000 | 670 000 | 2 270 000 |

对表 4-3 所示的成本报告加以分析可以知道：

1. 增值与非增值成本报告有助于管理人员了解非增值成本发生情况，掌握浪费数量；有助于管理人员寻找减少、选择、分享和消除作业的途径以节约成本，为管理人员指明了作业改善的途径。例如，管理人员可以通过降低废料损失及减少浪费，降低材料成本；通过训练制造单元的工人，提高其劳动技能，以减少返工数量；通过减少生产准备时间及实施供应商评价方案，可以提高生产准备和检验作业的业绩等。因此，报告增值和非增值成本可以更为有效地进行作业管理。

2. 报告这些成本还有助于管理人员改善计划、预算编制及定价决策。比如，如果管理人员认为非增值成本的节约足以抵消降价所带来的影响，那么企业就可以采取降价的策略，以战胜竞争对手。

3. 从本例可以看出动因及其对行为的影响：非增值成本的计量与追踪需要利用作业产出计量这一指标。减少非增值作业会减少作业需求，因而减少作业产出量。由于减少非增值成本的能力的大小会直接影响一个团队的业绩，因而如何选择作业动因及利用动因影响作业产出计量的方式，都会进一步影响团队的行为。例如，选择生产准备时间作为生产准备成本的产出计量，就会促使工人降低生产准备时间。生产准备成本的增值标准就是要将这些成本完全消除，从而促使工人将生产准备时间降为零。这一行为的结果与公司的目标相一致，对整个公司的经营是十分有益的。

管理人员在进行决策时应综合考虑，既要考虑到其正面影响，也要考虑到负面影响。例如，当我们把目标定位在通过减少某一产品所耗用的零件数量来降低产品成本，那么，有些作业如到货检验、编制材料账单及选择供应商等都可以相应简化。而如果这些作业的成本是按耗用零件的数量进行分配的，就会形成减少单位产品零件数的激励机制。这种行为在某种程度上是有利的，但也存在负面影响。因为过多地减少零件数可能影响产品的功能，进而影响产品的销售收入。

如何消除这一负面影响呢？我们可以采用标准零件数量这一方法。首先，如果零件数的确是到货检验、编制材料账单和选择供应商等成本的动因，那么我们可以求出单位作业动因的预计成本（也就是标准单价）。其次，应确认每种产品零件的增值标准数量。这样增值成本就只是标准单价和标准数量的乘积（$SP \times SQ$），如前所述，非增值成本就是实际耗用零件数和实际产量下的标准零件数之差乘以标准单价［（$AQ - SQ$）$SP$］。

我们应鼓励设计人员努力设计达到零件增值标准数量（SQ）的产品，以节约非增值成本。缺乏任何一种标准都会导致设计人员为了节约成本而无节制地减少零件数量。不过，通过事前确认每种产品应有的零件数，采用零件数作为作业动因可促使有关人员只降低非增值成本。因而标准应该提供一个具体目标，并对该激励机制所允许的行为加以限定。

## 二、成本趋势报告

成本趋势报告是用来说明企业通过作业改善所实现的成本节约程度的报告。管理人员采用减少、消除、选择及分享作业等手段实施作业改善，具体目标表现为成本节约。因此，如果作业分析是有效的，我们就可以通过观察连续若干年度的趋势成本报告，来判断非增值成本逐期递减的情况。

**【例4－2】**假设2000年初，某企业实施了四项作业管理决策：应用统计工序控制、产品重新设计、某道新装配工序的职工培训计划和供应商评估方案。表4－4提供了一份成本趋势报告。该报告将2000年的非增值成本与1999年的非增值成本进行对比，反映了企业实施管理决策后非增值成本的变化情况。2000年的成本是假设的，但计算方法与1999年相同，我们假设两年的SQ相同。

试问：从成本趋势报告来看，这些决策的结果如何？成本节约是否如期实现？

**表4－4**　**趋势报告：非增值成本**　金额单位：元

| 非增值成本 | | | |
|---|---|---|---|
| 作　业 | 1999年 | 2000年 | 变动 |
| 材料耗用 | 160 000 | 100 000 | 60 000F |
| 返　工 | 90 000 | 50 000 | 40 000F |
| 生产准备 | 360 000 | 160 000 | 200 000F |
| 检　验* | 60 000 | 30 000 | 30 000F |
| 合　计 | 670 000 | 340 000 | 330 000F |

＊供应商评估方案的实施使次品零件数减少，一名检验员调往装配部门。

这份趋势报告表明成本节约如期实现。一大半的非增值成本被消除了。尽管仍存在很大的改善余地，但到目前为止，作业改善还是很成功的。报告非增值成本不仅能为管理人员提供实际成本节约的信息，而且还能提供未来成本节约潜力的相关信息，这是非常重要的。

需要指出的是，当企业实施非增值成本节约计划时，这一期间的“现实可达标准”也称“过渡期标准”，它是进行成本节约程度判断的基础：在期末，管理人员将实际成本与现实可达标准进行对比，就可以了解本年度非增值成本的节约情况，即目标的改善情况。但是，要特别注意这一标准不是一成不变的，任何新技术、新设计和革新手段的采用都可能改变作业的性质，原来的增值作业也可能转化成非增值作业，这样增值与非增值水平就会发生改变，进而现实可达标准也应随之改变。

例如，一家生产医疗器械的公司需对其生产的某种外科仪器进行检验。按该产品的单位增值标准，要求单位产品检验小时为零，即单位增值检验成本为零。假设，上年对每个仪器要花费15分钟进行检验，每检验小时成本为15元，这样实际单位检验成本为3.75（15×1/4）元。无疑，这是非增值成本。下一年度，公司将安装一道新的生产工序，使所生产仪器的精度提高。这些变化预计将使单位产品检验时间由15分钟降为10分钟，每单位的预计成本节约额为1.25元。因此，现实可达标准就是每单位产品检验时间为10分钟，单位检验成本的现实可达标准为2.50元，也就是上年实际成本减预期节约额（3.75元－1.25元）。接下来的年度，公司又会采取新的改善措施，确立新的现实可达标准。例如，公司又计划安装一个工序控制系统，进一步提高加工的可靠性，进一步减少检验时间，这样就形成一个不同于以前年度的标准。由此可见，逐年（逐期）改变过渡期标准以反映新的改善目标，是持续改善过程中的“现实可达标准”与上一章标准成本制度中的“现实可达标准”的根本区别。

## 三、标杆法

标杆法是指企业在评价作业业绩改善情况时，以企业外部或内部最好的做法作为基准来制定改善标准的方法，因此这里的标杆就是最优标准。通常，可供选择的标杆类型包括外部标杆和内部标杆。

### （一）外部标杆

1. 竞争性标杆。竞争性标杆是指以行业内被公认为最好的竞争对手的业绩水平基准，制定自己的业绩改善标准。

2. 职能性标杆。职能性标杆是指以外部企业某一职能的业绩水平为基准，制定自己的相同职能业绩的改善标准。选择职能标杆时，可以不考虑外部企业所在的行业。

### （二）内部标杆

内部标杆是指以企业内部的某一部门的业绩为基准，制定其他部门的业绩改善标准。通常的做法是：先将执行同一作业的各部门或单位（如不同地点的工厂）的业绩进行比较。然后由业绩最优的部门或单位来制定业绩改善标准，这个标准就成了其他部门或单位通过持续改善要达到或超过的目标。为确保这种方法有效，必须使各单位之间的作业界定和作业产出计量基础保持一致。一般可以采用作业率、单位作业产出成本、单位过程产出的作业产出量等指标来衡量作业业绩，并找出最佳执行者。

例如，假设某工厂以购货订单数量来计量采购作业产出。假定其采购作业成本为90 000元，作业产出为4 500份购货订单。用作业成本除以订单数量，可得出单位订单成本为20元。如果该厂的最好单位的每份定单成本为15元，按标杆法，该厂应以最好单位的订单单位成本15元为标准，促使其他单位努力使每份定单的成本降低5元，以达到目标。这样，通过学习最好的采购技术，使工厂的作业效率得到提高。

### （三）标杆法的优点及其局限性

1. 优点

（1）标杆法为企业管理者对其经营业绩进行评价和比较的基准，从而使管理者能够在多变的经营环境中客观认识自身的业绩水平。

（2）标杆法作为一种业绩持续改善的方法，它所关心的领域往往是企业的核心领域，改善目标的可行性至关重要。而无论是企业外部标杆还是内部标杆，都是经过实践证明的可实现的标准。因此，标杆法实际上为企业制定一个具有先进性的现实可达标准提供了依据。

（3）标杆可以作为企业经营业绩水平的预警线，可以帮助管理者认识自身的竞争劣势，明确业绩改善的方向。

2. 局限性

标杆法虽然有很多优点，但要获得标杆法所需的必要数据和信息常常是很困难的事。由于每个企业以及企业中的各个部门资源、地域和人的行为等条件的不同，故一个企业的成功实践未必就能成功地用于另一个企业。

## 四、作业弹性预算法

### （一）作业弹性预算与持续改善

正如前文所指出的，作业成本计算法与传统成本计算法的主要区别在于：前者以多种动因归集和分配产品成本，而后者则是以单一动因归集和分配生产成本。因此，作业成本信息更为准确。作业弹性预算建立在作业成本信息基础之上，它可以帮助管理者更加合理地预计作业成本的变化情况，制定作业改善计划，并监控作业改善的实施。

使用作业弹性预算分析作业业绩持续改善时的基本思路是：

1. 以作业成本为基础将成本划分为固定成本和变动成本，并对作业变动成本进行重点分析。当管理人员了解了作业成本的变动情况之后，就可以用作业弹性预算法对作业用量改变时的作业成本的变动情况进行估计。

2. 利用差异分析的方法，将作业成本分成增值和非增值两部分，以区分价格影响和用量影响，反映出已使用和未使用作业能力的成本。

3. 计算出不同作业用量水平下的成本情况之后，进一步计算出实施改善期作业标准的预计成本。

4. 通过采用作业弹性预算法，使传统的业绩预算报告得到显著改善。

### （二）作业弹性预算与作业业绩报告

下面我们用例子进一步说明弹性预算法对分析作业业绩改善的作用。

**【例4－3】**假设某企业在传统方法下，所有成本是由单一的单位基准动因（通常是直接人工小时）驱动的，并以此来计算实际作业水平下的预计成本。每一成本项目是直接人工小时的函数。以此预测任何作业水平下应发生的成本。具体数据如表4－5所示：

**表4－5　　传统弹性预算**　　金额单位：元

| 项目 | 成本性态 | | 直接人工小时 | |
|---|---|---|---|---|
| | 固定 | 单位变动 | 10 000小时 | 20 000小时 |
| 直接人工 | | 8 | 80 000 | 160 000 |
| 直接材料 | | 10 | 100 000 | 200 000 |
| 物料消耗 | | 2 | 20 000 | 40 000 |
| 维修 | 20 000 | 3 | 50 000 | 80 000 |
| 电力 | 15 000 | 1 | 25 000 | 35 000 |
| 检验 | 80 000 | | 120 000 | 120 000 |
| 生产准备 | — | | 160 000 | 160 000 |
| 验收 | 6 000 | | 22 000 | 22 000 |

以上传统弹性预算的主要问题是所有成本都采用同一动因驱动。然而，当成本是由多个动因驱动，或动因与直接人工小时并非高度相关时，则所预测的作业成本将出现较大的误差。

解决这一问题的方法就是将弹性预算建立在多动因的基础上，即采用作业弹性预算。为了简化作业弹性预算报告，可以按一定方法将作业归入不同作业库，每个作业库采用同一个动因，并采用一定的成本估计方法（如高低点法、直线回归法等）来估计每种作业的成本性态。原则上，每种作业的变动成本对应于按需取得的资源的情况，固定成本则对应于使用前预先取得的资源情况。这种多动因算法可使管理人员更为准确地预测不同作业用量水平下的成本。把这些成本与实际成本相比，有助于管理人员对预算业绩的评价。

根据上述计算思路，对表4－5中的数据重新进行分类和计算，建立作业弹性预算报告，如表4－6所示：

**表4－6　作业弹性预算**　金额单位：元

| | 动因：直接人工小时 | | | |
|---|---|---|---|---|
| | 成本性态 | | 作业水平 | |
| | 固定 | 变动 | 10 000 小时 | 20 000 小时 |
| 直接材料 | — | 10 | 100 000 | 200 000 |
| 直接人工 | — | 8 | 80 000 | 160 000 |
| 物料消耗 | — | 2 | 20 000 | 40 000 |
| 小计 | 0 | 20 | 200 000 | 400 000 |
| | 动因：机器小时 | | | |
| | 固定 | 变动 | 8 000 机时 | 16 000 机时 |
| 维修 | 20 000 | 5.5 | 64 000 | 108 000 |
| 电力 | 15 000 | 2.00 | 31 000 | 47 000 |
| 小计 | 35 000 | 7.50 | 95 000 | 155 000 |
| | 生产准备次数 | | | |
| | 固定 | 变动 | 25 次 | 30 次 |
| 生产准备 | — | 800 | 20 000 | 24 000 |
| 检验 | 80 000 | 2 100 | 132 500 | 143 000 |
| 小计 | 80 000 | 2 900 | 152 500 | 167 000 |
| | 订单份数 | | | |
| | 固定 | 变动 | 120 份 | 150 份 |
| 验收 | 6 000 | 200 | 30 000 | 36 000 |
| 总计 | | | 477 500 | 758 000 |

表4－6表明，材料、人工和物料用品的预算数与表4－5中的相同，它们采用相同的作业产出计量基础，而其他项目由于作业产出计量基础不同，预算数与传统法下相差甚远。

在作业预算的基础上，我们可以将预算水平与实际发生的作业成本水平进行比较，便可得到作业业绩报告，如表4－7所示，假设表4－6中第一个动因水平与实际作业用量水平一致，其余项均产生了差异。

**表4－7**　　**作业业绩报告***　　金额单位：元

| 项目 | 实际成本 | 预计成本 | 预算差异 |
|---|---|---|---|
| 直接材料 | 101 000 | 100 000 | 1 000（U） |
| 直接人工 | 80 000 | 80 000 | — |
| 物料用品 | 23 500 | 20 000 | 3 500（U） |
| 维修 | 55 000 | 64 000 | 9 000（F） |
| 电力 | 29 000 | 31 000 | 2 000（F） |
| 生产准备 | 21 500 | 20 000 | 1 500（U） |
| 检验 | 125 500 | 132 500 | 7 000（F） |
| 验收 | 24 000 | 30 000 | 6 000（F） |
| 合计 | 459 500 | 477 500 | 18 000（F） |

＊成本动因基准：10 000 直接人工小时，8 000 机器小时，25 次生产准备，120 份验收单。

表4－7表明：将每项作业的实际作业水平下的预计总成本与实际总成本进行了比较，可以说明预算差异，本例中总差异为18 000元的有利差异。除此之外，我们还可以将实际固定作业成本与预计固定作业成本、实际变动作业成本与预计变动作业成本进行比较。例如，设实际固定检验成本为82 000元，由于年度内工资额发生变动，实际变动检验成本为43 500元。则检验作业的变动和固定预算差异如表4－8所示：

**表4－8**　　**检验作业的预算差异**　　金额单位：元

| 作业 | 实际成本 | 预计成本 | 预算差异 |
|---|---|---|---|
| 检验 | | | |
| 固定成本 | 82 000 | 80 000 | 2 000（U） |
| 变动成本 | 43 500 | 52 500 | 9 000（F） |
| 合计 | 125 500 | 132 500 | 7 000（F） |

### （三）作业预算与作业业绩差异的进一步分析

表4－7和表4－8都说明了预算和业绩的总差异。这种差异分析固然重要，但它不能提示出哪些地方需要改善，也无法提示企业已经取得哪些改善。为了更好地实施业绩改善，管理人员需要知道究竟浪费在什么地方、什么地方需要进一步改善。因此，我们需要对差异分析进一步拓展。具体来说，将预算内作业划分为增值和非增值两类，确认与每一作业相关的成本动因的标准数量，以使作业弹性预算法与企业持续改善的目标相联系，并为管理人员进行计划和控制提供更为详细的信息。具体差异分析的内容包括固定作业差异分析和变动作业差异分析。

1. 固定作业差异的具体分析

固定作业差异的具体分析包括耗费差异、数量差异和闲置能力差异。下面具体加以说明。

（1）耗费差异和数量差异。为了向管理人员提供更为详尽的信息，减少过剩作业的资源耗费，实现作业改善。我们可以进一步把弹性固定预算差异进行分解。弹性固定预算差异的分解，可以按照实际取得的作业水平（实际作业能力，AQ）和应耗用的作业增值标准数量（SQ）这两种作业水平进行分解。其具体公式为：

耗费差异 = 实际固定成本 -（固定作业分配率 × 实际作业能力）

= 实际固定成本 -（SP × AQ）

数量差异 =（固定作业分配率 × 实际作业能力）-（固定作业分配率 × 应耗用的作业增值标准数量）

= SP × AQ—SP × SQ

预算总差异 = 耗费差异 + 数量差异

**【例 4-4】** 以上文的检验成本为例，设预计固定检验成本为 80 000 元，为两个检验员的工资，每人 40 000 元。因此 80 000 元是检验作业在使用前预先取得的资源的预计成本。设每个检验员可以有效地检验 20 批产品，那么实际作业能力为 40 批。

要求：根据以上数据，说明如何对固定作业差异进一步进行具体分析。

根据以上已知数据可以计算固定作业分配率如下：

$$固定作业分配率（SP）=\left(\frac{80000}{40}\right)=2\ 000（元/批）$$

本例中，数量差异可以理解为检验作业的非增值成本；耗费差异就是价格差异。由于检验是非增值作业，可以最终得以消除，故应耗用的标准数量 SQ = 0。根据这些条件，预算总差异的计算如下：

耗费差异 = 82 000 -（2 000 × 40）

= 2 000（元）（U）

数量差异 =（2 000 × 40）-（200 × 0）

= 80 000（元）（U）

预算总差异 = 2 000 + 80 000

= 82 000（元）（U）

（2）闲置能力差异。数量差异提示了通过作业分析和管理可能达到的改善水平。然而，在上例中，作业的供应是按“组”进行的（每组需一个检验员），因此，作业的供应量和需求量（实际用量）之间存在不一致的情况。当这种差异大到一定程度时，管理人员就应采取措施以调整正在执行的作业量。为了能准确地确定需要调整的作业量的多少，通常我们要计算闲置能力差异这一指标。

闲置能力差异，是指作业可用量与作业用量之间的差异。该差异的计算公式如下：

设：AQ = 作业可用量（实际能力）

AU = 作业用量（实际执行作业次数）

SP = 固定作业分配率

则：闲置能力差异 = AQ × SP − AU × SP

= (AQ − AU) × SP

以上文中有关数据为例，且作业用量以检验批数（生产准备次数）计量，则：

闲置能力差异 = 40 × 2000 − 25 × 2 000

= 30 000（元）（F）

假设这一差异的产生原因是由于管理人员实施了一项质量改善措施，从而无需对某些产品进行检验。因此，检验作业出现剩余。检验资源供给和使用的差异将会影响今后的资源使用计划的制定。

例如，我们知道检验资源的供给大于需求，而且由于质量改善方案的实施，我们可以预计这一差异将继续存在，甚至更大（最终目标是将检验作业成本降为零）。实际上，管理人员可以降低作业可用量及检验资源的耗费，以充分利用闲置能力。有几种办法可供选择。比如减少 5 批检验需求，只设置一个专职的检验员，另一个检验员就可以从事资源供给缺乏的作业。（因为就目前的情况看，该检验员即使在现有的检验需求下，仍有 75% 的时间是空闲时间，这段时间他完全可以从事资源供给缺乏的作业。）如果企业确实无法给这个检验员重新分配任务，就只好将其解雇。

从这个例子我们可以看出，由于作业改善，企业形成了闲置能力。在这种情况下，管理人员必须果断作出决策：降低资源耗费，或将资源转用到其他能产生更多收入的作业中，以减少过剩作业的资源耗费，从而使企业获得潜在的利润增加。

2. 变动作业差异的具体分析

变动作业预算差异可以分解为两部分：变动耗费差异和变动效率差异。变动耗费差异是价格差异，只有当取得每单位资源的价格大于预期价格时才会发生。变动效率差异是执行检验作业的非增值成本。

与固定作业预算差异分析相比，变动作业预算差异分析相对简单。变动作业成本不存在闲置能力差异。因为在生产中，资源是按需求量取得的，因而，实际用量总是等于作业取得的实际数。变动作业预算差异的计算公式如下：

设：AP = 实际分配率，

SP = 变动作业分配率，则：

1. 耗费差异 = AP × AQ − SP × AQ = (AP − SP) × AQ

2. 效率差异 = SP × AQ − SP × SQ = (AQ − SQ) × SP

3. 预算总差异 = 耗费差异 + 效率差异

**【例 4－5】** 我们继续采用检验作业来分析变动作业差异。假设检验过程中所需的化学药品的预算成本是 52 500 元，由于该资源是按需取得的，因而为变动作业成本。按预计，价值 52 500 元的化学药品可实际进行 25 次检验。

要求：根据以上资料和前文中的有关数据，计算检验作业的变动成本差异。

首先，根据有关数据计算变动作业分配率和实际分配率：

1. 变动作业分配率（SP）= 52 500 ÷ 25

= 2 100（元/次）

2. 实际分配率（AP）=43 500÷25

=1 740（元/次）

其次，根据这些数据可以计算变动作业成本差异如下：

1. 耗费差异 =(1 740×25)-(2100×25)

=(1 740-2100)×25

=9 000（元）（F）

2. 效率差异 =(2100×25)-(2100×0)

=(25-0)×2100

=52500（元）（U）

3. 预算总差异 =9 000（F）+52 500（U）

=43 500（元）（U）

## 五、生命周期成本预算法

### （一）生命周期成本概述

众所周知，产品的设计对成本有重大影响。实际上，90%以上的产品成本在产品生命周期的开发阶段就被决定了。产品生命周期简单地说就是一个产品从准备进入市场到被完全淘汰这一过程所经历的时间。生命周期成本是指与产品整个生命周期相关的所有成本，包括开发（计划、设计和测试）、生产（加工作业）及后勤支持（广告、销售和保证等）等成本。产品生命周期及其成本约束曲线如图4-2所示。

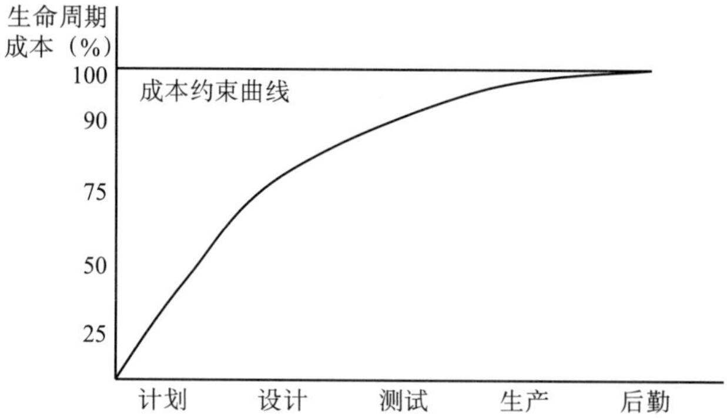


图4-2 产品生命周期及其成本约束曲线

图4-2表明，到开发阶段结束时，至少90%的生命周期成本（虽未发生）已经决定了。由于在新的经营环境下，最大限度地令客户满意已成为至关重要的问题。因此，全寿命成本就成为生命周期成本管理的中心。

全寿命成本是指一个产品的生命周期成本加上售后成本。售后成本包括客户购买产品后企业所发生的运行操作、支持、维护和处置成本。目前，售后成本已经在全寿命成本占有很大比重，并成为客户购买时所考虑的重要因素。因此，企业要想形成并保持自身的竞争优势，对作业进行管理，降低全寿命成本就显得越来越重要。

全寿命成本管理的重点是成本节约，而非成本控制。成本节约是通过科学的作业分析和作业管理实现的。全寿命成本的计算强调整个价值链的管理。所谓价值链，就是指产品的设计、开发、生产、营销和售后服务所要求的一整套作业。因此，生命周期成本管理着眼于价值链作业的管理，以形成企业长远的竞争优势。为达到这个目标，管理人员必须对产品的全寿命成本、交货方式、技术创新及产品的各个属性（包括产品性能、特点、可靠性、一致性、耐用性、外形美观性及质量水平等方面）进行综合平衡。

### （二）成本节约

既然产品90%以上的成本在开发阶段就已决定，那么，在开发阶段强调作业管理就显得十分重要。研究表明，在制造前作业上所花的每一元钱都可以为制造作业及制造后作业节约成本8～10元。真正的成本节约机会是在制造开始之前！管理人员应当更重视制造前的设计开发阶段，把更多的资源用在产品生命周期的早期阶段作业上，这样才能节约产品的全寿命成本。

然而，传统成本控制强调的是生产阶段的控制（这时成本可节约空间已经很小）。另外，产品成本被狭义地定义为生产成本，开发和后勤成本被视作期间费用，在计算产品盈利能力时忽略不计。此外，传统成本管理很少关注售后成本。这种做法仅能满足对外报告的需要，无法满足企业内部成本管理的需要。在当今竞争激烈的环境下，竞争者要想战胜对手，立于不败之地，必须了解更为全面的产品成本信息。

### （三）产品全寿命成本

从全寿命成本的观点来看，产品成本包括四个主要部分：（1）非重复性成本（构想、设计和测试）；（2）制造成本；（3）后勤成本；（4）售后成本。对产品的全寿命成本进行计量、归集和报告，可使管理人员更好地评价生命周期计划的有效性，制定出更有效、更周密的营销策略。生命周期成本的计算还可以帮助管理人员有效地进行定价决策，准确地评价企业产品的盈利能力。

### （四）目标成本计算法

如上所述，生命周期成本管理所强调的是成本节约，而非成本控制。目标成本计算法是确立成本节约目标的一个特别有用的工具。

目标成本是指企业为实现预期市场份额而制定的销售价格与预期的单位利润之间的差额。如果目标成本低于现行可达到成本，还必须预计出实际成本到目标成本所需的成本节约额。比较实际成本与目标成本，进行差异分析，管理人员就可以了解所需成本节约信息。

例如，假设目前某产品单价为10元，市场份额为12%。营销经理认为如将单价降为8.50元，市场份额可达到20%。而公司总经理所期望的单位产品利润为2元。目标成本就可以按如下公式求得：

目标成本 $=8.50-2.00=6.50$（元）

假设目前该产品的单位成本为 7.75 元。这样，为实现目标成本和取得预计利润所需的成本节约额为 1.25（7.75 - 6.50）元。

可见，为实现目标成本，管理人员必须通过周密的作业分析与作业管理来实现成本节约。通过定期比较实际成本和目标成本，进行差异分析，以取得不同时期所要求的成本节约信息。

目标成本是现实可达到标准的一种形式，在概念上与前面所讨论的对现实可达到标准的修订标准不同。差别在于两者的动因驱动不同。修订标准是企业为了改善成本管理目标，由工程师和生产经理制定增值标准，为达到增值标准，管理人员进而制定现实可达到标准的修订标准。由此可见，修订标准的动力来源于企业内部成本管理目标的改善。而目标成本则是企业通过市场调查及对竞争对手的分析而制定现行可达到的标准。制定目标成本的动力来源于企业外部市场及竞争因素。这是二者的本质不同之处。

例如，丰田汽车公司对某款新型轿车成本节约目标的制定从设计开发阶段就开始了。首先，管理人员用目标利润率乘以目标销售收入得出该款轿车的整个生命期的目标利润，然后，用目标销售收入减去预计成本得出预计利润。在通常情况下，目标利润会大于预计利润。那么，成本节约目标就是目标利润与预计利润之差。成本节约目标确定之后，丰田公司通过更改设计，来寻找成本节约的机会，以求设计出目标利润下的、满足客户各项功能需求的新型轿车。丰田公司的管理人员认识到，产品的筹划阶段比实际的开发和生产阶段存在更多的成本节约机会。

### （五）生命周期成本计算举例

**【例 4-6】** 鑫磊公司是一家生产电子产品的企业，其产品寿命周期一般约为 27 个月。2000 年四季度初，公司技术人员设计出一种新产品。设计人员认为该产品 2000 年初即可投产。管理人员对该设计做了研究，发现为生产该产品，首先要将电阻插入电路板。而电路板成本主要取决于所插入的电阻数量。管理人员设想通过鼓励设计人员在设计时尽量减少电阻数目的办法，来降低电路板的成本，从而降低产品成本。表 4-9 反映了该产品两年生命周期的预计成本和利润情况。

**表 4-9　　生命周期成本计算法；预计成本和收益**　　单位：元

单位成本及单价信息

| | |
|---|---|
| 单位生产成本 | 6 |
| 单位生命周期成本 | 10 |
| 单位全寿命成本 | 12 |
| 预算单位售价 | 15 |

预计成本

| 项目 | 1999 年 | 2000 年 | 2001 年 | 项目合计 |
|---|---|---|---|---|
| 开发成本 | 200 000 | — | — | 200 000 |
| 生产成本 | — | 240 000 | 360 000 | 600 000 |
| 后勤成本 | — | 80 000 | 120 000 | 200 000 |
| 小计 | 200 000 | 320 000 | 480 000 | 1 000 000 |

续表

| 预计成本 | | | | |
|---|---|---|---|---|
| 项目 | 1999 年 | 2000 年 | 2001 年 | 项目合计 |
| 售后成本 | — | 80 000 | 120 000 | 200 000 |
| 每年总成本 | 200 000 | 400 000 | 600 000 | 1 200 000 |
| 产量 | | 40 000 | 60 000 | |
| 预计产品收益表 | | | | |
| 年份 | 销售收入 | 成本 | 年损益 | 累计损益 |
| 1999 | — | (200 000) | (200 000) | (200 000) |
| 2000 | 600 000 | (320 000) | 280 000 | 80 000 |
| 2001 | 900 000 | (480 000) | 420 000 | 500 000 |

要求：利用以上信息和生命周期计算法的基本原理，分析生命周期成本信息对鑫磊公司的重要性。

从以上资料可知，该公司产品的生命周期单位成本为 10 元，而传统意义上的产品成本只有 6 元（只包括生产成本）。全寿命成本为 12 元。企业只有收回全部生命周期成本并获得可观的利润，该方案才是可行的。

在此基础上，管理人员制定的该种产品的售价是 15 元。可见，只关注 6 元的生产成本可能会误导企业采取次优决策。由于市场及竞争策略的改变，成本管理侧重点也随之发生了变化，管理人员应尽量避免使用传统的、仅有财务利益所驱动的产品成本定义。因为传统成本制度没有将开发费用按产品进行归集和分配，而这些信息对产品生命周期决策意义是非常重大的。全寿命成本则提供了这些必要的信息。例如，如果竞争对手以同样的价格销售类似产品，但其单位售后成本只有 1 元，而鑫磊公司的售后成本为 2 元，这样该公司显然处于不利的竞争地位。有了这一信息，管理人员就应考虑采取措施以消除劣势（如重新设计产品以降低售后成本）。

对生命周期计划的有效性及时分析和反馈也是非常重要的。因为这些信息不仅有助于企业制定未来的新产品计划，还有助于企业评估某个产品设计决策对经营成本及支持成本的影响程度。同时，我们也可以从实际成本与预计成本的对比中得到有用的信息。表 4 – 10 给出了生命周期成本业绩报告。

**表 4 – 10　　业绩报告：生命周期成本***　　单位：元

| 年份 | 项目 | 实际成本 | 预计成本 | 差异 |
|---|---|---|---|---|
| 1999 | 开发 | 190 000 | 200 000 | 10 000F |
| 2000 | 生产 | 300 000 | 240 000 | 60 000U |
| | 后勤 | 75 000 | 80 000 | 5 000F |
| 2001 | 生产 | 435 000 | 360 000 | 75 000U |
| | 后勤 | 110 000 | 120 000 | 10 000F |

* 分析：生产成本比预计成本高是因为二极管和其他插件都是成本（生产和售后成本）动因，而原来在分析时，仅仅把二极管视为唯一的成本动因。

由以上报告可以看出，生产成本比预计成本要大。进一步调查表明，电路板成本不仅仅是由所插入电阻的数量决定的，而是由插入零件的总数决定的，而且分析表明，通过减少插件总数的方法，还可以降低该产品的售后成本。因此，我们的分析可以得出这样的结论：今后产品设计应尽量将插件总数降至最少。

## 第四节　分析作业业绩的非财务方法

现代管理会计中，评价业绩的非财务指标扮演着重要的角色。在新的经济技术环境下，为了实现作业管理目标，寻求作业的改善，应该将非财务衡量指标普遍应用于企业的各项主要作业分析与管理。因为在新制造环境下，经营控制更注重事前而不是事后控制。而在传统制造环境下，只是将实际结果定期地与标准进行对比。尽管这种比较可能是每周一次或每月一次，但把业绩评价的结果报告给管理人员往往要滞后一段时间，这显然不能满足企业为实现持续改善需要及时评估业绩的要求。为此，企业需要通过评估关于作业业绩的实物性指标，即经营性指标（先行指标）来满足及时性的要求，并通过及时反馈信息，企业可以迅速做出反应，采取应对措施，从而提高效率。经营性指标应考虑那些能够反映驱动企业竞争成功的关键因素，能够激励员工实现持续改善的总目标的指标，它的使用可以改善企业的财务成果，能够反映出效率、质量和时间等方面的作业业绩。

### 一、衡量生产效率的经营性指标

生产率是用来衡量为了一定产出所投入资源的使用效率。反映生产率的经营性指标与财务性指标有着明确的联系。在此，我们对非财务性生产率指标作简要介绍。

作业或过程生产率的非财务性指标包括产量/材料、产量/人工小时、产量/千瓦小时及产量/员工人数。生产过程的产出以产量来计算，所使用的指标视作业而定。例如，检验作业的产出，就可以用检验小时来计算，提高检验作业的生产率的目标，可以通过以较少的投入得到相同的产出（相同的检验小时）或以相同的投入得到更多的产出（较多的检验小时）来实现。

#### （一）机器使用绩效

在 JIT 环境下，企业对机器绩效的衡量越来越重视。根据设备的特点，衡量不同类型设备绩效所使用的非财务性指标不同。企业所使用的设备有两类：瓶颈设备和非瓶颈设备。瓶颈设备是对整个生产过程起制约作用的关键设备，生产上对它的需求往往很大（常常大于这些设备的运转能力，因此称其为瓶颈设备）。如果此类设备出了故障，通常会导致生产的中断。特别是对 JIT 企业来说，这种由于瓶颈设备故障而引起的停工损失是很大的，因为实行 JIT 的企业没有存货可以缓解生产中断而带来的损失。因此，管理人员要努力确保这类机器的正常使用。在允许的情况下，应尽可能保证其得到 100% 的利用，反映设备绩效的经营性指标有设备利用率和设备可利用率。

设备利用率是指某设备已使用的能力占该设备能力的百分比；设备的可利用率是指在完成某项生产作业时，所需使用某设备的机时与该设备所能提供的可用机时之比。对于瓶颈设备来说，通常使用设备利用率指标对设备的绩效进行衡量。而对于非瓶颈设备来说，由于在生产中这种设备并非一直处于运转之中，而是存在一定的闲置时间。因此，如果将机器利用率作为衡量指标会导致生产的过剩，从而积压存货。故衡量非瓶颈设备的业绩指标是设备可利用率，而不是设备利用率。

在设备绩效管理中，除了使用上述两个经营性指标进行衡量外，还要对设备的维护情况进行详细的记录，这样可以帮助管理人员了解设备维护的程度，有效地利用经营性绩效衡量指标，改善作业。同时，为保证作业改善有效性，还必须结合企业的战略目标，及时对经营性业绩指标进行修订。

### （二）存货控制绩效

在产品和产成品存货控制也会给企业带来额外的节约机会。企业持有存货是非增值作业，存货控制的目的就是减少该作业产出（作业产出可定义为现有存货量）。通常控制存货的关键是采用 JIT 制造和采购方式。此外，管理人员还可以采用存货周转率、存货周转天数、存货项数等经营性指标，来评价企业的存货是否控制在合理水平上。例如，可以观察和评价存货周转天数的变化趋势；如果天数减少，则说明这一趋势对企业整体改善目标的实现是有利的。

## 二、衡量质量的经营性指标

质量控制是非常重要的。企业通过提高作业产出的质量，可以取得成本上的重大节约。不同的作业（过程）及产出，对质量进行衡量的经营性指标也不同。对制造作业来说，产品或部件是制造作业的产出，有关质量的经营性指标包括：单位产品缺陷数、次品数/总产量、外部故障百分比及废料重量/发出材料总重量等。对于其他作业，比如采购作业，这些非财务指标需要进行适当的调整。首先，要对作业产出作出定义。采购的作业产出可定义为购货订单，那么，出错定单数/定单总数、单位定单差错数这两个非财务指标就可作为衡量采购作业的指标。全面质量控制的总目标是零缺陷，即追求无缺陷的作业业绩。因此，使用经营性指标的目的就是评价企业已取得的进步，并激励工人不断寻找新的方法，使作业得到改善。同时，还要对这些经营性指标进行长期的跟踪分析、报告，以使质量指标得到持续改善。

## 三、衡量时间的经营性指标

每种作业都有各自的消费者，一种作业的产出往往由执行其他作业的人员所耗用。与时间相关的作业业绩特征主要有两个：可靠性和反应性。

可靠性就是作业产出的按时传递能力；对于最终产品而言，可靠性可理解为按时交货的能力。反应性主要是衡量生产出所需产品的提前期，目的是通过缩短交货的提前期以增强反应性。

### （一）可靠性

为了说明可靠性，我们重点来讨论向客户交付产成品的作业。反映可靠性的一个常用指标为按时交货率。为计量按时交货，企业先制定交货时间，然后用按时交货定单数除以交货总定单数就可得到按时交货率。这一指标的最终目标是要达到100%。然而，在实际使用按时交货率指标时，也可能产生某些负面结果，因为这一指标的使用，可能促使管理人员尽量减少延迟交货的次数，而很少考虑延迟交货的时间长短问题。工厂管理人员往往会选择对尚未延误的订单优先发货，而将已经延误的订单放在次要的地位。为了弥补这方面的缺陷，在进行业绩评价时，我们应将延迟交货的次数和延误时间综合加以考核，以更好地保证及时交货，满足客户的需要，增进企业的竞争力。

### （二）反应性

反应性是一个更为关键的方面。对按定单发货这一作业而言，反应性反映了企业对客户的要求作出反应的能力。生产周期和生产速度是衡量反应性的两个经营性指标。

生产周期是生产单位作业产出所需的时间。对制造业来说，生产周期是生产一件产品所需的时间（时间除以产量）。生产速度是指在既定时间内能够生产的作业产出单位数。

近年来，企业所面临的一个关键的竞争是与时间相关的能力竞争，因此，生产周期和生产速度已成为重要的经营性业绩指标。与此相关的指标也越来越受到重视。

为了改善交货业绩，可以采用一定的激励措施来鼓励管理人员缩短生产周期或提高生产速度。为此，可以把生产周期与产品成本联系在一起，根据成本节约的具体情况，对管理人员进行奖励。具体办法是：

第一步，按某产品在制造单元内的停留时间将制造单元加工成本分配到产品中去，根据一定时间（如一年）内可利用的理论生产时间（以分钟计），计算出每分钟标准成本。即：

$$每分钟标准成本 = \frac{单元加工成本}{可利用分钟数}$$

第二步，用每分钟标准成本乘以一定时间（如一年）内生产产品所需的实际生产周期，得到单位产品加工成本。

第三步，将采用实际生产周期计算所得的单位成本与采用理论或最优生产周期计算所得的单位成本进行比较，就可找到需要改善的地方。用这种办法评价业绩时，产品在制造单元内停留的时间越长，产品单位成本就越高，业绩就越差。因此，企业只要采用适当的节约产品成本的激励机制，就可以鼓励生产部门的管理人员和工人寻求缩短生产周期或提高生产速度的途径。下面举例说明以上过程。

**【例4-7】**某企业一个制造单元的有关数据如下：

（1）理论生产速度：每小时12单位

（2）每年可利用生产时间（分钟）：400 000

（3）年加工成本（元）：1 600 000

（4）实际生产速度：每小时 10 单位

要求：计算该制造单元的加工成本，并说明应如何改善该单元的成本业绩。

根据以上资料，可以计算该制造单元的实际单位加工成本和理论单位加工成本，如表 4－11 所示：

**表 4－11　　制造单元加工成本计算**

| |
|---|
| 实际单位加工成本 |
| 　　每分钟标准成本＝1 600 000/400 000＝4（元/分钟） |
| 　　实际生产周期＝60/10＝6（分钟/单位） |
| 　　实际加工成本＝4×6＝24（元/单位） |
| 理论单位加工成本 |
| 　　理论生产周期＝60/12＝5（分钟/单位） |
| 　　理想加工成本＝4×5＝20（元/单位） |

从表 4－11 可看出，改善业绩的办法是降低单位加工成本。具体来说，是将产品的单位加工成本降低 4 元，即由 24 元降为 20 元，途径有两个：一是将生产周期由单位产品 6 分钟降为 5 分钟；二是将生产速度由每小时 10 单位提高到 12 单位。同时，该公司的交货业绩也得到了改善。

### （三）制造周期效率

制造周期效率（Manufacturing Cycle Efficiency，MCE）也是一个与时间相关的经营性指标，其计算公式为：

$$MCE = \frac{\text{加工时间}}{\text{加工时间} + \text{移动时间} + \text{检验时间} + \text{等待时间}}$$

其中加工时间是指将原材料加工成产成品所需的时间。加工作业是增值作业，其他作业都是非增值作业。

这一公式表明，提高制造周期效率（MCE）的唯一途径是减少非增值作业，进而达到成本节约的目标。理想状态就是指将耗费在非增值作业上的时间降为零，从而消除非增值作业。

我们使用表 4－11 中的数据来说明 MCE 的计算。在表 4－11 中，由于实际生产周期为 6 分钟，而理论生产周期为 5 分钟，非增值作业的时间就是 1（6－5）分钟，故：

MCE＝5/6＝0. 83

## 四、经营性指标的局限性

经营性指标的优点在于这些指标比较直观，操作人员容易理解。但是，如果孤立地使用这些指标，也会妨碍公司总体目标的实现。另外，经营性指标之间可能会互相冲突，例如，提高材料生产率可能会导致人工生产率的下降。因此，究竟选取哪些指标作为评价业绩改善的依据，这取决于企业的目标及其对指标的权衡。为了使经营性指标发挥作用，应保证经营控制系统与企业的总体目标紧密联系。企业的经营业绩与财务业绩之间具有内在相关性。了解这些联系，有利于我们正确地使用经营性指标，实现战略性目标。为方便起见，表 4－12 归纳了部分经营性指标。

**表 4－12　　经营性指标汇总**

| | |
|---|---|
| 效　率 | |
| 生产效率： | 机器业绩： |
| 产出/材料克数 | 机器可利用率 |
| 产出/人工小时 | 机器利用率 |
| 产出/千瓦小时 | 持有存货： |
| 产出/雇佣人数 | 存货周转率 |
| | 存货周转天数 |
| | 存货项目数 |
| | 存货周转天数趋势 |
| 质　量 | |
| 缺陷/单位数 | |
| 次品数/总产量 | |
| 外部故障百分比 | |
| 废料重量/材料发出总重量 | |
| 出错的采购定单数/采购定单总数 | |
| 单位采购单差错数 | |
| 时　间 | |
| 按时交货数/总交货数 | |
| 生产周期 | |
| 生产速度 | |
| 制造周期效率（MCE） | |

## 第五节　作业管理对责任会计的影响

新的环境以其动态多变的特征，向企业原有的责任会计系统提出了挑战。为此，我们需要从作业管理角度，重新审视企业的责任会计。从组织结构的角度看，责任会计通过责任划分，在业绩考核与员工奖惩方面扮演着重要角色。当我们以作业管理为基础，研究责任会计时，责任的划分与要素都发生了重大变化。为了有所区别，我们称传统成本制度下的责任会计为“传统责任会计”，而把以作业管理为基础的责任会计称为“现代责任会计”。下面我们先比较“两种”责任会计在理念上的区别，然后再进一步从划分职责、建立业绩考核指标（标准）、评价业绩及决定报酬（奖惩）四个方面，进行比较分析。

## 一、两种责任会计理念与内容的比较

在作业管理基础上，责任会计的制定程序虽然在形式上没有什么变化，但是责任会计的内容和理念都与传统责任会计有很大不同。表 4－13 列出了主要比较点。

**表 4－13　两种责任会计的比较**

| 程序 | 传统责任会计 | 现代责任会计 |
|---|---|---|
| 1. 责任界定 | • 以单位和个人为控制点<br>• 责任分解到个人<br>• 责任指标为财务性指标 | • 以过程和团队为控制点<br>• 多维价值链分析<br>• 持续改善 |
| 2. 建立业绩考核指标 | • 以责任中心为导向<br>• 责任中心预算<br>• 静态标准<br>• 现实可达的标准成本计算法 | • 以过程为导向<br>• 支持持续改善<br>• 动态调整现实可达到标准<br>• 增加客户价值 |
| 3. 评价业绩 | • 执行可控性原则<br>• 强调成本业绩<br>• 标准或预计成本差异分析 | • 成本业绩<br>• 效率、质量和时间<br>• 作业弹性预算分析 |
| 4. 以业绩为基础决定奖励 | • 高层管理者决定激励机制<br>• 强调个人管理成本<br>• 奖金、工薪增加和晋升等形式 | • 高层管理者决定激励机制<br>• 更复杂，同时考虑个人和团队<br>• 个人以团队为基础<br>• 奖金、工薪增加和晋升等形式 |

下面结合表 4－13，对这两种责任会计在程序的各阶段所存在的差异进一步进行分析。

### （一）责任界定

表 4－13 表明，传统责任会计以单位和个人为控制点。首先，确立一个责任中心。典型的责任中心为组织的一个单位，比如一个部门或一条生产线。但无论是什么样的单位，责任都分配给责任人，而且责任是以财务指标来界定的（比如说成本）。

而在现代责任会计制度下，控制点已由单位和个人转变为过程和团队。这种转变的原因是：在动态多变的环境中，公司的基本原则就是持续改善。持续改善要求不断地变化、不断地学习。之所以选择过程作为责任会计的控制点，是因为过程是变化的单位。作业管理思想表明，过程就是一个组织中由一个共同目标联系起来的一系列作业，它们体现了做事的方式。因此，改变做事的方式就意味着改变过程。

改变做事的方式有两个途径：过程改善和过程革新。如前所述，过程改善指现存过程效率的持续不断提高。过程革新（也叫企业再造）是指以时间、质量和效率方面的显著进步为目标，按一种全新的方式来执行过程。

许多过程是超越功能边界的。这样便于从整体上强调企业的价值链作业，同时也意味着有效的过程管理需要功能交叉型的技能，而团队正是这一过程管理要求的产物。团队可通过培养友谊和归属感来提高工作的质量。过程改善和过程革新需要大量的团队作业（和支持），这是个人所无法有效完成的。

### （二）建立业绩考核指标

作为业绩考核的基础，企业所制定的标准应在一定时期内稳定不变，而且还应是现实可达到的目标。表4－13展示了在动态经营环境下业绩标准的显著特点。首先，在动态经营环境下，业绩标准是过程导向的，并与过程效率和过程产出相关。同时，业绩标准还要有助于支持变革。按照这一原则，企业建立其努力达到的理想水平，即最优或理想的标准。其次，业绩标准本身也是动态的，它需要不断调整以反映不断出现的新情况及新目标，并能够保持已经取得的进步。例如，企业为改善某一过程，可以制定出能反映预期改善水平的业绩标准。一旦这种预期水平实现了，业绩标准也应随之提高，以促进业绩的进一步改善。总之，在追求持续改善的环境下，业绩标准应不断调整，以促进“增加客户价值”这一目标的实现。

### （三）评价业绩

传统责任会计下，对实际结果与预计结果进行比较，就可以衡量所取得的业绩。原则上，个人只对他所控制的那些项目负责，评价的重点是成本业绩。然而，在现代责任会计下，时间、质量和效率都是业绩的重要方面；生产周期、交货期、生产效率、成本节约及成本趋势、单位产出成本等都是反映这些方面的重要指标。评价业绩的基本方法是以最优业绩标准为基础来评价实际成本或其他经营性指标的变动趋势，以实现在及时交货的基础上，生产出成本低、质量高的产品。这样，业绩评价指标既有营运方面的，也有财务方面的，而所有这些都与过程业绩有关。

### （四）以业绩为基础决定奖励

正如表4－13所揭示的，无论在传统制度下还是在现代制度下，对个人的奖惩都由公司政策及高层管理人员所决定。但传统的奖励机制鼓励个人管理成本，主要看其达到或超过预算标准的状况。而在现代激励机制下，对个人的奖励机制更为复杂，个人要同时对团队及自身的业绩负责。由于强调过程的改善，而改善主要是通过团队的努力而实现的，所以团体奖励比个人奖励更为合理。激励原则是：只要能保持所有的指标中至少有一种指标取得进步，团队就会得到奖励。可见，这种考核及奖励系统具有多维性质。

为什么传统责任制度不能很好地适用于动态环境下企业的经营管理？这是因为传统责任会计制度强调成本管理，强调保持现状和组织结构的稳定。在动态多变的经营环境下，企业为满足客户需要，必须面临时间、质量和效率等多方面竞争。客户不仅要求按时交货、无次品，而且还要求产品提前期短、价格便宜和售后成本低等。客户需要实现更大的附加价值：得到更多而付出更少。因此，企业必须提高生产效率，设法以较少的投入取得更大的产出。为实现这一目标，企业就需提倡目标的持续改善，而作为管理控制工具的标准成本计算和预算编制的地位也就发生了变化；传统的业绩指标可能成为持续改善的障碍——它们既难以支持持续改善目标的实现，也难以支持其相关的管理控制工具（如适时系统、全面质量管理和先进技术等）的实施和运用。为了更好地理解这一点，有必要对传统责任会计的局限性加以阐述。

## 二、传统责任会计的局限性

相对于动态环境而言，传统责任会计过于注重标准及差异的计算。传统的标准倾向于固定不变，有的甚至已过时，无法反映组织内部（或环境）正在发生的变化。这些标准鼓励保持现状和组织结构的稳定。标准的制定通常考虑已有的低效率水平，允许停工时间、浪费等状况的存在。而且，只计算在管理行为和组织业绩方面的差异，而对引起这些差异的原因未作分析。实际上，了解产生业绩的原因对提高业绩非常重要。

### （一）只关注内部情况

传统责任会计的标准、预算和差异都是内部的。标准通常以内部的预期为基础；差异则是将内部预期与实际结果的比较得到的。这种情况很有可能导致管理者盲目乐观的后果。例如，当市场增长了30%，主要竞争对手销售增长了40%的时候，某企业可能对其上年15%的收入增长和5%的超预算（有利差异）沾沾自喜。实际上这并不是什么好消息，因为这些标准只考虑了企业内部的情况，而没有考虑到外部市场的变化。因此，责任会计系统仅仅关注内部信息是远远不够的，而外部信息不仅急需关注，而且更为重要。

### （二）过于强调人工成本

在传统的责任会计下，很多企业将人工成本控制置于最重要的地位。在现代经济环境下，企业的生产管理组织方式已发生了很大变化，如在实施自动化生产的企业中，产品成本中所包含的直接人工成本已大大降低；在实行 JIT 的企业中，直接人工和间接人工的界限已经非常模糊，人为区分的因素较多。因为在 JIT 生产系统中，每个工人必须进行各种训练，使其成为“多面手”，以适应团队生产或制造单元生产的需要。一项资料表明：在某些生产过程中，人工含量不足2%，这样人工标准的意义也就大为降低。[①] 如惠普公司，

① F. B. 格林，菲利克斯，阿门基南和乔治·F. 约翰逊：“业绩考核与 JIT”，《管理会计》（1991 年 2 月），第 50—53 页。

目前已不再单独追溯人工成本，而将其计入制造费用，作为制造费用的一部分进行统一分摊。因此，在先进的环境下，人们更注重过程效率而非人工效率。

### （三）忽视非增值成本

传统的责任会计制度没有区分和报告预期要消除的成本即非增值成本。而在持续改善的环境下，确认和分离直至最终消除非增值成本，是企业持续改善目标的基础和必要条件。因此，企业必须追溯和报告非增值成本，否则，无法实现目标的改善。

### （四）激励措施失当

在传统的责任会计下，标准成本计算鼓励责任人取得有利差异。责任人为了达到激励标准可能会采取失当的行为。例如，采购员为取得有利的材料价格差异可能会采购低质量材料或大批量地购入材料。结果，废料、次品数和返工作业量可能增加，原材料存货可能过多；而生产人员为了避免材料用量上的不利差异，可能用残次的零部件来凑数，以减少材料的用量，这样就会造成整个产品质量的降低等。这些失当的行为都与全面质量管理和零存货等高级制造环境下的目标背道而驰。

此外，传统的现实可达到标准的观点也与持续改善目标相背离。现实可达到标准允许某种程度的低效率。更为糟糕的是，在标准成本制度下，人们认为达到标准后就没有必要进一步提高效率了。而JIT和现代责任会计制度要求人们尽量不断地提高质量、提高效率，不断地寻求更好的办法来完成同一项任务，鼓励并奖励过程的革新和简化，强调在持续改善的环境下，用动态的眼光看待效率问题。

### （五）过于注重财务性指标

传统责任会计特别强调财务控制，然而，很多绩效是非财务的，比如说反应时间等。这些指标无法用货币来计量，但它又是一个重要的竞争点，企业必须予以重视。现代责任会计制度则把财务的和非财务的业绩考核指标结合起来考虑，避免了传统责任会计的缺陷。

## 本章小结

本章我们从持续改善的角度，详细讨论了作业管理的概念及过程价值分析；描述了分析作业业绩的财务性指标与经营性指标及其作用；比较了传统责任会计与现代责任会计的差别。

作业管理是适应动态多变的经济技术环境的一种管理方法。过程价值分析是实施作业管理的基础，它通过成本动因分析、作业分析和业绩分析过程，提供有关作业动因、作业执行及其结果等主要信息，这一过程体现了作业管理持续改善的思想。

作业业绩的分析与评价包括财务和非财务两大方面：前者使用的方法主要有增值与非

增值分析、成本趋势报告、标杆法、作业弹性预算法和生命周期成本预算法等；后者主要涉及效率、时间和质量三个方面的经营性指标。这些经营性的业绩指标，在新的环境下对实施日常作业控制非常重要。

传统责任会计适用于环境稳定的、批量生产的情形。因此，在新的生产技术环境和管理组织条件下，传统责任会计系统的种种缺陷都将显露出来。

现代责任会计以作业管理为基础，以支持企业持续改善为目标，较好地克服了传统责任会计系统的局限性，能更好地适应新的经济环境的需要。

# 第五章　作业成本预算

## 第一节　作业成本预算概述

### 一、作业成本预算的定义

作业成本预算是建立在作业成本法基础上的预算编制方法，以“作业消耗资源，产品消耗作业”为指导思想，以价值创造为目标，根据计算得到的成本动因分配率和预算期间的成本动因量确认预算金额。作业成本预算关注未来，以各作业中心为管理对象，使用真实的历史绩效数据作为预测资源消耗率的基准。作业成本预算将预算活动关注的焦点由成本中心转变为业务流程，有助于企业实时控制和管理生产经营各环节的成本耗费，为良好的管理效益创造条件。

### 二、作业成本法和作业成本预算的差异

作业成本法和作业成本预算虽然核心要素和计算原理相同，但是在目的、实施步骤、关键环节等方面仍存在差异。

首先，作业成本法与作业成本预算的目的不同。作业成本法的本质是核算历史数据，主要为企业提供全方位、多维度成本信息，准确计算产品或服务的成本，为企业决策奠定坚实的基础。而作业成本预算的主要目的在于贴近成本产生的原因预测未来期间产品或服务的期望产出对资源的需求量和成本耗费水平，本质是“预测性”的，通过准确规划成本帮助企业提升成本管控的质量。

其次，作业成本法与作业成本预算的信息流方向不同。虽然两者均是按照“作业消耗资源，产品消耗作业”的流程逐步计算和汇总得到产品成本，不同于作业成本法由资源到作业再到产出，作业成本预算从产品需求量出发寻找对作业和资源的需求，是对作业成本模型的反向运用。作业成本预算中的产量、作业量、动因消耗量等均需要结合生产计划和企业实际情况在各作业中心进行预先分配，随后结合制定的标准价格计算得到产品的预算

成本。作业成本预算的信息流动过程如图 5－1 所示①。

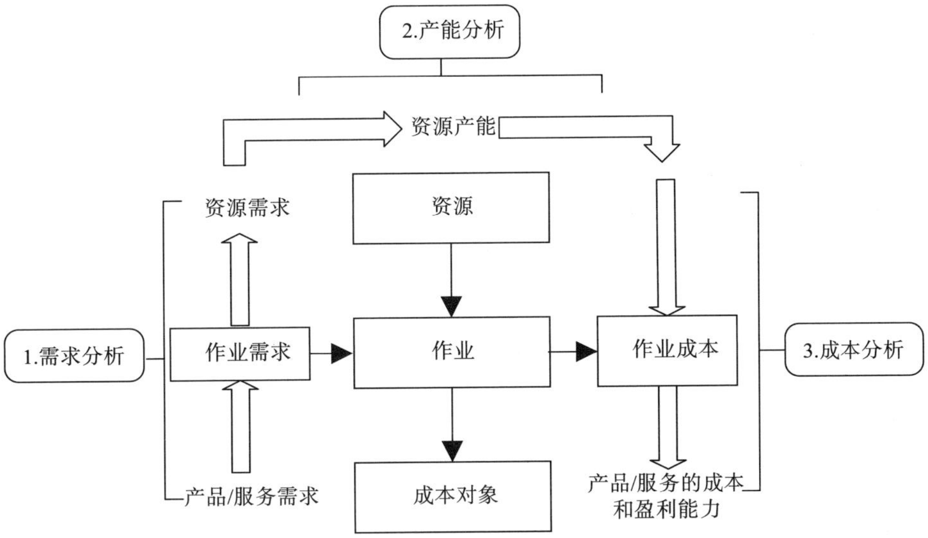


**图 5－1 作业成本预算的信息流动过程**

图 5－1 的解释如下：

作业成本预算会对构成最终资源需求的作业需求进行估计。在图 5－1 的第一步，作业成本预算首先提出这样的问题：“成本对象的每单位产出需要多少作业量?”这些就是作业需求。随后，作业成本预算提出：“需要多少资源来满足作业工作量?”换句话说，可以用生产一定量成本对象所需的作业数量来计量工作量。

只有使用作业成本法模型中的资源动因率将作业量转为所需资源量后，才能决定费用水平。这些比率通常以小时、约当全职数、平方米、千克等表示。

实际中，在现有可利用资源与满足计划所需资源之间会存在差异。也就是说，企业常常会发现它们有太多不需要的资源，但却没有满足客户期望服务水平（如准时交货）的足够资源。有太多不需要的资源意味着出现了闲置产能成本，而所需资源不足会导致限制性约束，如果不加以解决就意味着客户服务水平的降低。

图 5－1 的第二步说明在经营指标和财务指标之间必须达到合理的平衡。因此，需要分析产能。预算人员、计划人员或管理会计人员可以利用的一种分析方法就是估计对资源如何进行调整才能满足将来的需求量。但是，高级管理人员可能同意也可能不同意这样的调整，因为这会导致在近期出现财务目标所无法容忍的费用。如果制定产能调整，就应该以现金支出表示实际资源消耗。

假设管理者无须进行进一步的分析和讨论，就同意新的资源消耗水平。在图 5－1 的第三步企业会制定出新的资源支出水平并转化为作业中心的成本，最终归集为产品、服务线、销售渠道和客户的成本。这第三步是典型的作业成本法。有些人将此称为形式化的作业成本法计算。计划动因数量的应用可以计算出产品、服务、产出、客户和服务接受者新

① 参见加里·柯金斯《作业成本管理完全操作手册》第 303 页。

的预算成本。但是，此时所带来的财务影响可能无法接受，因为可能出现太低的财务回报。

最后，作业成本法与作业成本预算的关键环节不同。界定作业和确定成本动因是作业成本法的两大关键环节，原因在于：一方面，作业数量的多寡影响着成本核算的工作量和准确性；另一方面，成本动因作为作业成本法对成本分配的标准，与企业生产经营业务流程高度关联。对作业成本预算而言，确定预计作业量和作业动因消耗量是实现资源合理配置的关键，因此需按照成本控制的具体要求，以定额的形式将产量与作业量之间的关系以及各作业中心对资源的耗费确定下来，帮助企业更加精细地控制成本。

## 三、作业成本预算的优势

在当今经济环境日新月异的背景下，企业对管理活动的价值创造需求愈发突出，传统预算体系与业务流程关联性不强、无法为企业创造动态价值的弊端导致其逐渐被淘汰，而作业成本预算关注创造价值的作业，适用范围广，能够帮助企业找到增值活动，实现更加精准地规划成本、评估和控制成本数据的优势使得其受到越来越多的企业的重视和青睐。与传统预算方法相比，作业成本预算的优势主要表现在：

### （一）强调战略导向

作业成本法强调以企业发展战略作为预算管理活动的基础。将战略管理意识融入预算管理，不仅可以帮助企业树立市场竞争意识，增强抵御风险的能力，而且有利于强化企业的市场竞争优势，保持良好的发展趋势。然而，在传统预算法下，企业预算目标的制定并没有以战略为导向，而是以利润总额、营业收入等财务会计指标作为主要目标，忽略了质量和效益等非财务指标，导致企业仅关注短期行为而忽视了长期利益。作业成本预算将发展战略和业务流程联系在一起，通过梳理和改进企业的运营与价值链条，强化成本追踪及动态管理，识别并消除那些无助于发展核心竞争力和实现价值增值的业务，从而实现企业资源的优化配置。

### （二）强调消除浪费和资源优化配置

作业成本预算强调借助作业确定预算，与传统预算相比，作业成本预算增添了设备运行时间、检验次数等非财务成本动因，促使企业在进行差异分析时能够更加快速、准确地分析浪费和非增值性项目的产生原因，进而制定出消除这些非增值性成本的方案，有利于企业优化资源配置，降低成本费用。

### （三）支持持续改进和价值创造

传统预算以当前的资源基础和绩效水平为起点，仅简单地对成本进行分摊而不是分配到各项具体作业中，可能存在将以前年度的无效、低效作业带入本年预算的风险。持续改进则要求企业对当前业绩水平重新定位，通过设定成本降低的目标促使成员用更好、更快、更具成本效益的方式生产相同的产品或服务，通过持续改进达到价值最优的目的。使用作业成本预算实施价值驱动计划的目的就在于，在恰当的时候给管理人员和员工提供关于作业、业务流程、工作量等的正确信息，提升整体的决策质量和效率水平。

## 第二节　作业成本预算与传统预算的区别

作业成本预算的目标是预测企业对资源的需求量，并将资源作为作业的实施结果，强调企业需重点关注作业的实施过程，进而实现对资源耗费的精准把控。同时，该方法鼓励企业全体成员、各个部门参与作业管理，为不断降低成本、持续改善提供依据。作业成本预算与传统预算的区别主要表现为以下几个方面：

### 一、预算编制基础不同

传统预算方法建立在一系列假设基础之上，采用增量预算的方法，以基期预算为基础对预算值进行调整，预估各部门在预算期间可能产生的成本和耗用的资源情况。在该方法下，战略通常被作为高层管理者的工作指引而非公司整体的行动纲领。而真正有效的预算往往是围绕战略目标编制的，预算内容应当反映战略，不仅包括公司层面战略，解释“应当做什么”，还应反映经营层面战略，解答“应当怎么做”的问题。可以看出，传统预算多拘泥于公司层面，对于公司整体战略的理解存在偏移。

作业成本预算是根据不同产出下作业量的预测情况进行的需求拉动型预算，该方法从年预计产品销售情况出发向前推算所需要的作业水平，据此确定生产过程中各项作业所涉及的预计资源需求量。

### 二、预算编制对象不同

传统预算管理是将各部门预期耗用的资源总量及费用金额规划到各成本项目中，以计算企业整体的成本水平。而实际上，成本是随着作业水平的变化而变化的，并非随着部门水平的变化而变化。传统预算方法没有科学合理地揭示成本动因和成本构成，不能反映实际的工作内容，导致编制的预算不够准确。并且，以部门作为预算编制的对象可能会导致企业把部分预算资金过多地分配给某些部门，而使另一些部门的资金短缺，产生资金浪费。

作业成本预算打破了按部门逐级汇总的传统预算编制机制，以作业作为预算编制对象，对各级管理者和现场操作人员的绩效评估建立在对其各自承担的作业内容和预算值的分析、汇总基础上。该方法能够将具体责任细化、落实到各作业层级和个人，为企业的预算管理与控制活动提供良好的决策依据。同时，也有助于各作业环节和个人按照预算开展业务，使企业全部的生产经营环节均包含在预算管控过程中，有利于企业全面预算管理目标的顺利实现。

## 三、控制与分析方式不同

作业成本预算与传统预算在事中控制过程的主要区别在于，两者的控制范围不同。传统预算通常在企业内部组织结构框架下实施预算管理，并不过多考虑企业外部的动态，采用部门作为企业预算的控制中心，进而明确部门或个人的具体职责。作业成本预算法以产品或服务的需求量为预算起点，将作业流程作为管理、控制的基本单位和控制中心，通过对作业流程进行详细分析得出哪些是利于企业未来发展的增值作业，哪些属于非增值作业，通过避免非增值作业、增加增值作业的效率的方式为企业创造价值。

作业成本预算与传统预算在差异分析方面的主要区别在于，作业成本预算以作业成本法为基础，采用了与成本有显著因果关系的作业动因，使预算执行结果的差异分析更能反映作业的实际完成情况，分析结果也更具说服力。传统预算的差异分析往往基于单一动因，不能科学、准确地分析出实际经营效果与预算指标之间的差异成因。

## 四、考核指标设置不同

传统预算业绩考核指标设置的目的在于将实际与预算的差异控制到最小，指标性质方面以财务指标居多。这种预算考核方式注重资源的投入而忽略了资源的产出，并且考核指标通常在一定范围内是一成不变的。在预算结束后，企业简单地以责任单位的实际成本是否超过预算为标准进行考核，考核结果在一定程度上缺乏说服力。

作业成本预算在制定过程中与作业流程和作业运行方式息息相关，并随着企业价值链条的优化确立最理想的预算目标。因此，作业成本预算下的考核体系并不是一成不变的，而是会随着作业链条的持续完善不断优化。并且，企业在评价作业的高效性和可靠性时常会考虑非财务性指标，帮助企业管理者及时发现问题和潜在的风险，打造竞争优势。

# 第三节　作业成本预算前期部署

## 一、确定作业

作业简单地讲，就是用来把投入转换成产出的工作。作业可简单地定义为确认产出及其所需要的资源。作业可以分为几类，包括主要作业、次要作业、项目作业和子作业。主要作业直接服务于部门目标；次要作业支持组织的主要作业；项目作业或称一次性作业，有明确的开始和结束时间；当作业需进一步分解为更为具体层面时采用子作业。

## 二、确定关键流程和与每个产品特征相关的作业路径

产品或服务的特征应该分解到流程工序不会再变化为止。让每一个特征都反映为特殊的流程路径或一步步的工序。在这一步，最重要的是认清每一个作业步骤，不同的产品和服务涉及特殊的物理特性，可能需要不同的加工时间。业务流程是一系列相关的彼此互不独立的作业的集合，这些作业共同作用，完成一个个特定的目标。业务流程的作业通过交换产出而相互联系。某特定事件开始整个流程的第一项作业，然后引发一系列接下来的作业。当两项作业相互作用时，产出或者信息流出现。产出或信息流的交换使同一流程中的不同作业之间建立了界限但又有很强的因果关系使其互相联系起来。最重要的是，业务流程超越了部门的界限。例如，一个新产品的引入需要对需求进行市场评估产品的设计、制造过程的规范材料单的制定等，这要求营销、研发、设计制造和财务方面的共同努力。业务流程分析描述了每个流程的界限、客户与供应商以及各个流程之间的相互作用。

### （一）特征成本法、流程结构与成本结构

1. 特征成本法。这种方法将成本通过产品或服务的特征分摊到作业及产品/服务中去。特征成本法是一种试图理解由产品或者服务的特征产生的流程差异的技术，有关这些特征的知识能够帮助企业减少差异，使成本变得更加可预测和可管理。这将形成更加准确的经营计划，更加准确地协调企业的生产能力与它预期的产品/服务的工作量。

2. 特征成本法基于成本的流程模型。根据这个流程模型，流程是组织把投入转变成事前设计好的产出的工作。资源是执行流程必需的生产要素和选择好的工作程序的直接结果。图 5－2 是投入产出流程模型的一个例子。

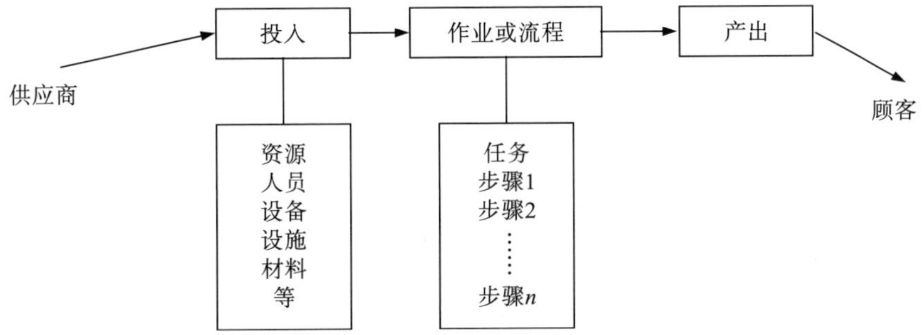


**图 5－2 投入产出流程模型**

有了流程模型，企业可以开发出一系列程序（作业）来提供产品或服务给客户。这些程序和作业的数量又决定了执行作业需要的资源。比如，采购订单处理作业需要一个员工来执行工序和一个电脑系统来执行必要的计算和数据处理。其他资源如办公设备和设施也是必需的。处理采购订单的需要来自企业采购这些资源的需要。企业购买这些资源并且在总分类账中记录成本。处理采购订单职员的数量、数据处理资源及办公室设备取决于需要处理的采购订单的数量。

3. 成本结构。一项作业的总成本是所有资源的成本总和，也被称为作业所需要的生产要素。生产要素包括人员、机器、交通、物料、计算机系统和其他资源。每一项重要的可追溯资源都包含在作业成本中。在采购订单的例子中，作业成本由可追溯到采购订单作业的人工、技术、设施和办公设备构成。

流程模型要求企业将作业中心分解成各项作业。企业层面的流程称为业务流程。业务流程由一个个作业组成，作业又由各个任务组成。差异在于不同的详细程度。

### （二）成本差异是流程差异的直接结果

要使流程创造价值，它就必须生产出终端用户认为有价值的产品。一旦一个流程开发出来，它在一段时间内不会改变。换句话说，设备已经购买了，程序开发好了，员工已经培训了。一旦流程锁定了改变就很困难。但是，客户的需求和产品或服务的类型在不断变化。技术和竞争对手会不断改变购买方式。不能避免的结果就是流程差异。新产品的特征和需求的转移对流程施压，使它偏离原来设计好的“最优”的方式。

了解和减少流程差异是特征成本法的基本原则。所有的流程都在改变。没有人或机器可以每次精确重复一个流程。大的流程差异对管理极为不利，因为它会导致资源的不同使用和产品质量的参差不齐。

从计划和预算角度来看，流程差异会导致成本差异。了解流程差异的根源和它的影响对实现盈利目标非常重要。由产品特征直接造成的流程差异应该通过营销、产品或者流程开发来管理。然而，这些改变的影响不断扩散到企业流程中，直接对利润产生影响。由流程执行直接造成的流程差异，应在流程层面管理，而不直接影响由该产生差异的流程生产出的具体的产品/服务。

流程差异越大，成本差异也越大。流程差异的更深层次的问题是它造成了产出的差异性，不一致的产出对下游流程和最终客户造成了问题。流程差异成本在处理这些差异后果的作业中体现出来。最糟糕的情况是这些产品都只能废弃或者返工，导致资源浪费。重复的差异导致了类似检查这些额外的作业，在一致生产的情况下这些额外作业完全没有必要。这些成本都属于非增值性成本并且通常“隐藏”在传统的预算系统中。

必须了解所有流程变化对财务和经营的影响。为防止流程差异采取的纠正性措施（消除差异产生的根源）通常是一次性成本。然而，内部失败（废料、返工和停工检修等）或者外部失败是持续的成本。这些差异未被消除的时间越长，非增值性成本就越高。

它的意义在于如果管理层决定不发生消除差异的成本，它们最终将要招致几倍的费用，以质保成本、因客户不满意而丧失的边际贡献等的形式存在。

### （三）业务流程与作业帮助企业聚焦于战略

作业和业务流程是企业要做的，战略目标代表企业需要实现的。确认目标能帮助企业确定现状中需要作出变革的领域，以及需要采取哪些行动来实现这个改变。目标有助于更好地执行与目标相关的业务流程和作业。通过检查作业，企业能够作出改进并朝着目标迈进。

1. 持续改进的业务流程和作业

业务流程和作业分析给管理人员提供了发现冗余、重复劳动和浪费的任务或作业的工具。管理业务流程和作业帮助每一位员工减少浪费，作出改进，确保质量和简化任务。

2. 业务流程和作业帮助改进决策制定

基于作业成本预算和特征的价值驱动计划真实地再现了决策对现有流程的影响。这个“清晰的视角”可以让管理人员及时获得有关改变的反馈，而不仅仅是报告历史的信息，从而建成一个更为有用的系统。

3. 业务流程在基于作业成本预算和特征的价值驱动计划中的重要性

业务流程描述了企业如何创造价值。业务流程的构建方式决定了价值的创造方式。关键是让业务流程结构与战略目标和市场需求一致。只有考虑一致性，企业才能有效地实现其目标。

以采购流程为例，第一种方法是把买回来的材料放在库房，当需要的时候再拿出来使用。企业购买原材料，储存这些原材料并在需要时将其投入生产。这个做法的后果是大量资金积压在原材料、高额的储存成本和大量的材料处理费用上。第二种方法是供应商提供即时送货。储存和挑选、处理成本会非常小，然而这有可能会导致经常性中断和原材料断货的成本。这些都要从节省的保有存货的成本中抵扣。

构建业务流程的关键是保持与行业中的商业环境一致。两种材料采购方法都有一定意义。然而，对企业来讲重要的是了解哪种方法能给其带来最大的经济效益和客户满意度，从而有助于目标的实现。

业务流程分析帮助确定作业、作业成本和成果之间的相互依赖关系，这种相互依赖的关系提供了一个清晰的视角，使企业能够深入了解引发不同业务流程的各个事件。通过控制最初的非增值流程的触发点，企业能够减少或消除不必要的工作。同时，还能够改进必要流程的成果。

## 三、评估当前业绩

在确定了作业和关键流程后，需要对当前业绩做出评估。这个业绩可以通过多个指标来衡量，如流程成本、质量、循环时间、客户满意度和员工满意度。所选择的流程衡量指标要能够支持公司整体目标的实现。

确定业绩衡量指标：作业可以通过财务和非财务业绩两个方面进行衡量。一些组织建立了一种能够平衡各种衡量指标的业绩衡量方法。如平衡计分卡，认为组织应把它的业绩衡量系统分成以下几类：财务方面、客户满意度方面、经营方面、成长性和学习方面。

虽然这种方法关注业绩的多个方面，但它可能会很复杂，令人迷惑，并且难以维持。随着衡量指标的增加，其中某些衡量指标改进了而其他指标并没有改进的可能性也会增大。作业成本预算一般考虑业务流程和作业的成本以及非财务业绩目标。不同衡量指标是紧密结合的。在很多情况下，其中任何一项作业的变化都会影响其他业绩的衡量。例如，时间的缩减可能影响成本、质量和灵活性，因为它改变了作业执行的方式。由于不同业绩衡量指标之间的相互关系，用一个单一的衡量指标来评价作业业绩容易引起误导。

有效管理的关键是执行那些能从多维度提高业绩的改革。这只有当作业管理系统能够把财务和非财务指标结合起来时才有可能实现。无论选择了哪些衡量指标，作业管理都提供了一种简便方法来进行支持和沟通。例如，客户满意度可以通过在实时信息基础上进行周期性的客户调查来评估。客户的不满意度可以通过下列标准衡量：客户服务中的投诉数量、索赔依据、客户支持电话、返工、产品退回、市场份额趋势。

类似地，员工不满意度也可以通过员工周转率、员工争议、员工旷工等来衡量。作业管理是十分有效的，因为这些因素都在作业成本管理系统内被例行评估，无需单独的数据收集过程。

需要注意的是，业绩衡量必须有预见性并与价值创造紧密相关。这种方法必须面向未来，而不是又一个事后评估工具。必须关注如何实现这些领域的既定目标，而这又同组织创造经济价值的目标紧密相关。一个量化过去表现的衡量标准如同一项检查，全面质量管理已经告诉我们任何检查都不能增加价值。因此增加一个更加复杂的事后业绩衡量体系，如同增加一个更加复杂的检查体系，这是导致失败的方法，并且增加了收集检查数据的成本。

## 四、确定作业指标和每项作业的成本

企业必须在确定作业衡量标准之前确认业务流程衡量标准。否则，企业便可能仅仅改进某个特定作业而使业务流程次优化。例如，如果采购部门购得便宜的计算机用纸，采购成本将会很低，而采购部门的表现也会看起来很好。但是，因为低质量的计算机用纸经常容易撕裂和堵塞，组织的总体成本将会比购入高质量纸张更高。因此，从业务流程衡量标准开始十分重要，之后再制定作业业绩衡量标准来实现流程目标。

业务流程和作业业绩衡量标准应该以流程和作业的产出为基础。考虑“物料采购”这一业务流程，在确定业绩衡量标准的时候，获得采购订单的总体数据要比获得单项采购订单数据更方便。每项物料采购订单成本的精确度可能并不能达到精密成本的精确度要求。因此，管理层必须在获得更高精确度和增加的数据收集成本之间进行权衡。

## 五、制定定额标准

### （一）划分作业，确定作业中心实际成本

在测算作业中心实际成本的过程中，按照保证成本数据真实、核算口径统一的原则，可以将历史成本数据（通常 3 年以上数据）与各级作业中心一一对应，得到各作业中心实际成本。

### （二）编制各作业中心成本费用消耗定额

作业中心将整理得到的实际成本与生产作业内容相对应，先以末级作业不同成本动因条件下的实际工作量为作业量，然后根据还原到各动因条件下的资源费用以及选取的作业量按照不同成本要素逐项进行测算，测算公式如下：

1. 材料定额：

材料消耗量定额＝消耗材料数量/作业量（单位：个、根、千克、米/吨）

材料费用定额＝材料费用总额/作业量（单位：元/吨）

2. 职工薪酬定额：

职工薪酬定额＝职工薪酬总额/作业量（单位：元/吨）

其他费用按照同样原理测算。在上述基础上剔除非正常性因素下所产生的成本后，结合各作业环节具体情况，便可测算得到各作业环节的成本费用消耗定额，并在汇总后形成各作业中心成本费用消耗定额。

#### （三）编制作业中心成本定额

汇总整理所有作业中心定额数据，综合考虑企业内部生产技术条件及外部经济形势等客观因素的变化，按照与财务核算口径一致的原则，完善各专业环节的定额消耗成本，自下而上逐步汇总，最终形成各作业中心成本定额。

#### （四）成本定额数据验证

定额数据的确定在很大程度上要依赖于对历史数据的分析，而历史数据的不完整、不准确给定额数据的确定增加了难度，因此在确定定额数据的过程中需要经过反复的测算和模拟。

#### （五）持续改进、优化定额

为保证定额的准确性，需将成本定额与实际消耗不断进行对比，认真分析产生偏离的因素，确定成本定额的改进方向和措施，持续优化定额。

## 第四节　作业成本预算管理流程

### 一、预算编制

作业成本预算的编制以作业为基础，以梳理作业流程为起点，明确作业链条各作业环节的工作内容与责任范围，按照生产需求和作业流程测算各作业环节的消耗定额和资源配置情况，然后根据物资价格、工资水平、设备功率等因素确定各项作业的耗费价值指标，最后将各作业的资源耗费情况进行汇总，即得到当前作业链条的成本预算。

#### （一）编制预算前准备

1. 预测收入和产量

用来预测收入和产量的方法有很多，如指数平滑法、线性回归法等。这里不讨论某种具体的方法，重点关注进行预测需要考虑的因素。不管采用哪种方法，获得实际数字的基本要素是倾听并理解客户的声音。在计划阶段，一般会引入成本和盈利能力信息。成本信息通常会使市场分析产生偏差，结果导致不能完全理解客户需求。相反，应从价格、质量和客户所需求的功能角度（不是成本角度）定义一个产品或服务概念。最终目的是了解客户的显性和隐性需求。

外部信息使组织的注意力转向对客户需求和不断改变的竞争条件的了解。目标成本法产生的可信的目标能够帮助组织理解变革的原因及需要采取变革的领域。

2. 客户统计和客户需求以及目标市场定位

（1）客户统计和客户需求。预测开始于对客户统计的了解，包括分析客户购买该产品或服务的可能性。考虑因素包括与客户需求或欲望相关的地理和统计信息。客户统计信息用于将客户划入各个细分市场。公司应该拥有相当的可供使用的客户信息。销售历史信息包含订单和销售的历史模式。这个系统应该能够确定过去对价格变化的反应，也能够确定预期到价格变化时客户的反应。

内部数据应包括一些额外的定性和定量客户信息，如：

· 哪个客户细分市场对价格/特征变化更加敏感？

· 价格/特征变化怎样影响客户预期？

· 客户能否意识到新出现的价格趋势？或者，客户只能简单地认识到短期价格折扣的机会？

· 新的价格/特征会不会催生新的细分市场？

· 客户怎样使用我们的产品？我们的产品对客户的重要程度？

· 相对于其他产品，我们的产品成本是多少？

· 竞争者的定价活动有哪些？

（2）目标市场定位。以作业为基础的计划里面一项关键组成要素就是持续评估客户需求。运营目标应当设定为满足这些需求。部门经理的任务是合理利用所需资源以实现战略目标，满足客户需求，同时保证与计划业绩的一致性。这个过程被称为战略部署。为保证其有效，组织需要一个目标成本系统。对未来工作量的计划是设定这些目标的关键。工作量来源于各种资料和服务（如报告通常在一年或者一个月中的某一天收集，而很多项目往往是一年一次）。

3. 确定工作量

工作量被定义为一项作业或流程需要的产出数量。确定作业和流程工作量需要三个主要步骤。组织需要预测一些作业的工作量：与产品或服务直接相关、产品或服务支持、特殊项目。

4. 预测与产品或服务直接相关作业的工作量

预测工作量的第一步是预测成本对象（产品、服务或者渠道）的需求，然后确定与产品或服务直接相关作业的工作量，这些作业包括产品或服务的定义、设计、开发、测试、发布、生产、分销、安装和维修。工作量规划步骤包括：确认新产品或服务的作业，确认产品、服务和客户特征，确认对现有产品和服务的计划变动，制定或更新每种产品或服务线的作业清单，预测产品族或服务线，而不是预测单个产品或服务，分析作业清单以确定每种产品或服务线的流程和作业数量。

5. 分析作业清单

分析作业清单对确定工作量很关键。一份作业清单是一系列作业和作业量的列示，用来说明：产品或服务、特殊特征、项目、业务流程。

作业清单可用来确定下述活动的成本：服务不同客户（规模、区域、类别等）、服务不同的销售渠道（增值型分销商和增值型转销者）、业务流程、外包、投资决策。

分析作业清单，简单来讲就是：列示每种产品/服务线、列示该种服务的预测数量、列示每个服务线使用的每种作业量、服务量乘以每种作业量得到服务需要的作业数量、汇总全部作业数量。

6. 确定支持性作业的工作量

预测工作量的第二步是确定支持性作业的工作量。支持性作业是由支持性部门（如人力资源、管理信息系统、安全和会计）实施的作业。确定每个部门的工作量，这些部门可能履行以下职能：产品/服务（例如，发布采购订单，包括零部件的类型和数量）、客户（如具体发票开立）、非产品相关（如财务报表的数量和类型）。

7. 确定特殊项目的工作量

预测工作量的第三步是确定任何即将履行的或现有的特殊项目的工作量。特殊项目包括：ISO 9000、实施作业成本管理/作业成本预算、质量改进、安装新的计算机系统、电话系统及类似项目、扩大办公室。

最好能为每个特殊项目绘制一个甘特图，甘特图将标注每个时间段的作业和任务，这样可以确定何地和何时需要额外的资源和人力。对每个项目的工作量将进行排序和预算。

8. 预测工作量

前面已经讨论了三种类型的工作量（即产品/服务相关、非产品/服务相关的支持性、项目相关），下面将探讨预测方法。需要先预测所有产品或服务可追踪的作业，包括确认新产品或服务、确认对现有产品或服务的计划变动、制定或更新每种产品或服务的作业清单、根据单个产品或服务线或客户预测产品/服务销售、分析作业清单以确定准确的作业数量、分析作业清单，这对确定工作量很有帮助。

9. 利用当前作业分析预测工作量

应对作业分析进行持续监控，特别是计划改变某个变量时（如工作量、员工规模、要求的收入等）尤其如此。你可以问一些简单问题：你的产出变了吗？你的客户变了吗？这项作业依然增值吗？你的客户的需求变了吗？

10. 制定作业计划指导原则

通过使用作业计划编制的六个基本步骤（作业分析、目标市场定位、业务流程改进、作业的持续改进、流程控制、作业计划），可以很方便地确定计划指导原则。从我们使用的 M 公司接收部门的例子中，可以得出下列指导原则。

（1）采用下述 5 项标准确定作业和任务的实施效率：

①这项工作是客户要求的结果吗？

②该工作是一种浪费吗？

③是按照最佳实践在完成工作吗？

④还存在多大的闲置产能？

⑤完成这项作业需要花费多长时间？

（2）管理层必须确定当前满足客户需求和获得利润的最重要作业。

（3）通过审查各项作业与客户需求的关系确定非增值作业。

（4）确定部门是否在采用最佳实践？是否有更有效的获得产出的方法？是否有更有效的既满足客户需求、同时又能获取更多利润的作业方法？

（5）所有资源，包括人力资源和设备，都应当充分利用以满足客户需求，保证质量，创造利润。

（6）减少作业时间，这样能增加弹性，减少成本，增加客户满意度。

（7）使用当前数据、调整后的下一年度预测销售额和客户信息确定未来工作量。

（8）为改进的作业或者业务流程做计划，可以使用下述的五步法：

①消除无用工作。

②消除导致问题的根本原因。

③减小工作量。

④通过简化任务、采用最佳实践及利用其他资源来改进工作方法。

⑤将未利用或者利用不足的产能最小化。

（9）对所有作业制定持续改进计划。

### （二）编制预算

企业编制作业成本预算时，必须从来源于（部门履行作业的任何业务流程的）客户的业务流程工作量开始。在有些情况下，如销售部门，其业务流程的客户与整个企业的客户相同。在其他情况下，业务流程的客户是来自企业其他部门的内部客户。

1. 计划并创建业务流程预算

在初次使用业务流程和作业编制预算时，有必要首先选取一个部门作为试点。在组建许多不同的审核小组并最终确定所有预算之前，应当用业务流程和作业成本预算方法来运营一个部门，并使用这一预算来测试审核和实施程序。

试点的预算应当送交筹划指导委员会以及业务流程预算的负责人审核。筹划指导委员会应由3~5人组成。在通过筹划指导委员会以及业务流程预算负责人审核后，预算会被送交部门经理以进一步明确。试点预算应当针对一定数量的员工及/或业务单位进行测试，以准确地了解其对整个企业的有用性和可用性。

2. 预算审核小组

预算应当在以下三个层次进行审核：

（1）针对业务流程中的所有作业进行的业务流程审核。

（2）针对部门中所有作业进行的部门审核。

（3）针对所有业务流程进行的高级管理层审核。

这些都以业务流程和作业预算为起点。

3. 业务流程预算审核小组

审核业务流程计划和预算的小组是业务流程审核小组。这个小组的主要任务是：

（1）向业务流程团队询问其假设。

（2）提出其他选择。

（3）通过业务流程计划和预算。

业务流程审核小组通常包括以下人员：

（1）该业务流程负责人、总监及/或相关的经理。

（2）相关流程工作人员（即任何流程工作人员或履行业务流程作业的一个员工代表）。

（3）相关支持性流程的代表（即来自人力资源部门、培训部门、信息系统以及会计部门的代表）。

（4）该业务流程的供应商以及客户（即该业务流程内部及外部的供应商及客户）。

业务流程审核小组的目的是保证：

（1）该业务流程从开始到结束的所有作业同步。

（2）来自业务流程中的各种作业的代表都能代表其所在的作业。

（3）它们对业务流程的业绩指标获得理解并达成一致。

（4）它们对业务流程内所有作业的业绩指标达成一致。

（5）业务流程的业绩指标与整个组织的战略目标保持一致。

（6）提前对流程进行控制。

预先达成理解和一致能防止很多问题的发生。同时，还应当弄清各项作业应当如何适应整个业务流程。

4. 部门审核小组

部门审核小组包括部门总监（职能负责人）、部门内的经理人员以及部门流程工作人员（部门内所有流程工作人员或者一个代表）。

部门审核小组的目的是协调部门内的所有作业，理解不同业务流程的工作量需求并协调流程改进项目。

部门审核应当在业务流程审核之后进行。业务流程审核需要理解不同部门之间的传递关系，而部门审核需要理解并满足各种业务流程的需求。同时，部门还应当理解和参与可能影响其自身的流程改进项目中去。

5. 高层管理者及业务流程负责人审核小组

预算最终会送交高层管理者以及业务流程负责人审核。整个审核小组包括总裁、企业主要业务流程的负责人（如获得客户、提供客户服务、处理订单等）、支持性流程的负责人（即提供人员、提供技术、提供信息、提供新产品与服务等）等。

### （三）比较战略目标与预算的业绩

在业务流程和部门审核小组完成它们的业务流程分析之后，高层管理者和业务流程负责人还要对业务流程和作业进行审核。

初始的预算应当与战略目标进行比较。如果预算的业绩和战略目标之间存在任何差异，就应当对预算的作业及其所需的资源进行调整。如果是成本目标没有达到，作业和业务流程经理应当寻找新的改进的可能。

如果经理人员同时达到了成本目标和业绩目标或者已准备好目标未能达到的解释文档，这一步便算完成。

如果作业和业务流程的业绩和成本目标间还存在差距，那么必须对二者做出权衡。由于企业规模和文化的不同，对此问题的解决办法也不同。一种简单的方法是对业务流程和作业进行评级，在此评级系统中，预算要求与客户需求进行比较分析。另一种方法是根据预算是否支持当前的服务水平对其进行分类，或者根据预算是处于最低、中等还是扩展的服务水平进行分类。

当前的意思是指目前实际的作业成本；最低意味着这是一项作业的最低服务水平；中等意味着这还不是最终的解决方案；扩展意味着扩大服务水平。企业应当考虑整个项目对工作量变化的影响，同时还应当考虑对作业或者业务流程的成本、循环时间、质量以及产出的影响。

### （四）最终确定作业以及业务流程的成本和业绩目标

企业应当从作业开始进行预算。同时，应当使每个员工对他们的作业的结果负责，并将员工的薪水和升迁与业务流程和作业的业绩挂钩。在短期（即小于一年），企业有两种方式可以进行作业预算：

1. 按作业和业务流程进行预算和报告。

2. 使用作业和业务流程进行预算，在等待作业预算系统实施期间，将作业预算转换成传统的成本项目预算。

在第二种方式中，企业以作业和业务流程为基础制定计划，然后经理人员使用单位作业成本确定各成本项目，最后按照成本项目将其汇总。

### （五）预算作业和业务流程的成本计算

在获取各成本科目的数据时，有以下三种方法可供使用：

1. 在部门内部对不同的作业都有特定的资源，这些资源的数量是已知的。部门只需要对作业和业务流程定义工作量的计量指标即可。

2. 资源是共享的。每个员工追溯自己在不同的作业上所用的时间或者计划用的时间，然后计算出不同作业上所耗费的资源。

3. 直接使用标准的作业成本法。

### （六）使用业务流程报告最终确定预算

企业应当使用业务流程报告来最终确定预算，并为将来的预算作计划。同时应当注意的是，在业务流程报告中，应当为每个部门以及生产产品和服务的每个业务流程计算作业成本（见图 5 -3）。

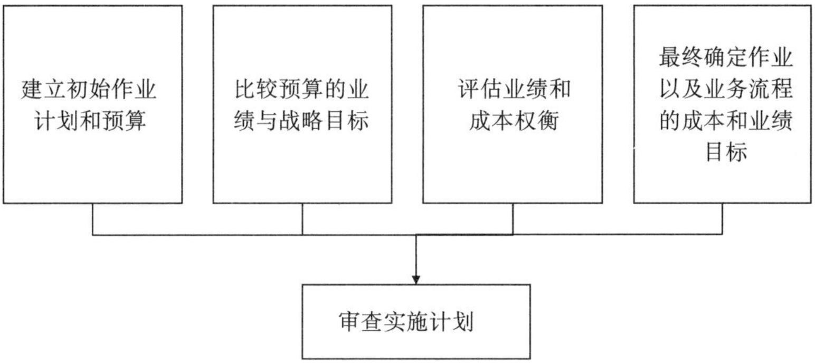


**图 5－3　最终确定作业预算**

## 二、预算控制

预算控制是在作业链各环节引入市场化运作机制，将每项作业均视为一个利润中心，从而将预算指标以价格的形式分解到作业链各环节，通过环节之间的利益约束减少资源的浪费，提高经济效益，达到流程化控制的目的，对于企业的管理决策有着十分重要的意义。

每一次完成作业的方法，或多或少都会有一些差别。但是生产高质量并满足客户需求的产品，需要一个始终如一的可预测的流程。如果一个流程的产出变化巨大，那么它一定会产生缺陷、错误和浪费。运转的不一致会导致产出的不合格，并往往需要采取额外的行动来纠正该问题。

M 公司的“接收”作业的目标是收到恰当包装的货物，打开包装、准时送达用户并在系统中进行接收记录。如果流程不能保证一致性，那么货物就可能被送到一个错误的地方，因此必须找到该货物并在系统中更新信息，进而存储的效率也会降低，因为必须等待货物。因此，这将导致更高的成本，而对客户却毫无价值。

相对于一致性良好的流程而言，非一致的流程会导致更多的成本用在检测错误上。流程不一致可能不会导致产品退回，但会增加成本，并由于持有过多的货物而导致利润率低下，使流程失败、无效，并使客户不满增多。一致性不好还会导致交付延迟。

接收部门经理需要弄清当前的流程在多大程度上是一致的。一致性可以用三种方法进行度量。第一，错误的度量，估计纠正错误所花的时间；第二，估计检测内部错误的时间；第三，经理计算在没有错误的情况下完成工作所需的时间。将无错误工作时间与实际工作时间进行比较，即可估计出产出的变动情况。使用这些方法，经理人员估计出非一致工作有如下影响：保证一致性产出的唯一方法是通过实施流程控制，最少化导致不一致的因素。流程控制对流程进行监控，以保证其有效的运营并产生一致的产出。因此应当对流程进行研究以确定潜在的错误源。一旦潜在的缺陷被找出，经理人员应当找出可能的改进办法对作业进行改进，以最小化问题的发生。流程控制同样对可能导致非一致的其他关键因素进行监控，这些因素包括装运重量偏差、设备问题、存储空间问题等。因此，应在所有部门研究和开发流程控制以保证效率和盈利能力。

## 三、预算分析

作业成本预算分析是以成本动因为基础，通过对预算执行情况进行定期或不定期的分析，帮助各作业中心发现资源消耗过程中存在的问题，为预算考核提供依据。

### （一）流程差异及原因

流程差异的三个主要来源是：流程执行不善、产品特征、客户要求。

知道流程差异的数额本身还不完整，关键是要了解为何会发生流程差异。这就要求确认和管理差异产生的根源。只有消除了差异产生的根源后才能有稳定的流程业绩。

差异产生的原因包括以下方面。

1. 产品/服务和流程产能

差异产生的原因是由于每个流程都有一定的物理限制或者产能制约。产品或服务非常适合流程时，发生的差异很少。然而，如果不适合，流程差异的可能性就增加了。要谨记流程是原材料、工作方式、人工和机器的独特整合。流程可以实现的极限取决于流程技术和生产工序。任何时候当产品/服务的特性超越了流程事先确定好的（在事前确定的工作条件下）正常特性时，它就会减慢流程的速度或者中断流程。因此，产品或者服务的特征超越了流程的限制会导致流程差异，表现为额外的工作、更长的生产时间和/或质量问题。这些差异直接属于某个特定的产品或服务，并且应该在计划和预算流程中消除。

2. 偶然原因

流程差异也可能因为偶然原因造成。偶然原因存在是因为有些流程差异甚至在同一个工人、同样的工序和同样的原材料和设备的情况下发生。这是由于流程受到环境变化的影响或者流程不能完全被控制。偶然差异包括流程中同时发生的所有偶然的原因的总和。它们反映了流程内在的“正常”特性。这样的差异只能通过改变流程、改变技术或者新的工序来纠正。

3. 作业与流程工序的不协调

流程差异也可能是因为作业与流程工序不协调或者不完善的工序而导致的。这些问题的后果是非增值性作业或任务。例如，机器坏了。一旦这个情况发生，流程就不能够生产出预期的产量，从而导致进度被打乱。在我们的例子中，维修部门必须尽快解决这个问题，这导致非有效的维护，同时财务部门要解决这个成本差异问题，结果导致高成本和差的业绩。采取必要的措施并消除尽可能多的根源问题是管理层的责任，这样才能使流程更加有效且无误。这可以通过持续改进流程实现。

4. 流程执行不善

流程在执行不善时会发生非增值性成本，因此必须通过检查和返工消除错误。如果返工后产品能以一等品出售，那么这些实际支付的返工成本就是差异性成本。如果这些返工的产品经维修后不能以一等品出售，那么差异成本还要包括销售折扣。

如果产品不合规格，又不能返工，必须要废弃。这时差异成本包括原材料、人工和其他生产该产品时发生的成本。另外，发生的任何处置成本也是差异成本的一部分。差的产品或服务质量导致客户投诉、销售退回、质保成本和滞销。所有流程都必须进行持续评估以发现差异发生的根源。

5. 产品特征

影响产品或服务成本的一个重要因素是它们的特性如何影响流程，能使用现有流程产能的产品或服务具有效益。相反，对现有流程产生冲击的产品或服务将导致严重的中断或高额的成本。超出流程限制的特性引发流程差异，差异导致额外的工序、更长的加工时间和/或质量问题。因而，需要了解每个特性的影响。在用缝纫机缝制牛仔裤的例子中，薄的布料常常卡住机器，使操作员添加布料的速度变慢，因为机器操作员不能适应偏差而导致缝制错误增多，由于布料过薄导致的效率损失用差异的数量或者该流程特性（薄布料）对基本流程所导致的影响来计算。

例如，一个用特征成本法分析的公司发现用没有涂层的卡纸生产的次品比例大大高于用有涂层的卡纸生产的产品。通过将成本与那些出现高差异的产品相联系，能够帮助企业分析生产质量中出现严重差异的产品制造的战略应用。

6. 客户特征

流程差异的另一主要来源是客户和分销渠道。有的客户要求特殊的产品特征或服务。常见的要求包括特定的配送时间或包装。这些变化可能打乱正常的生产和配送流程，且增加成本。

分销渠道也影响成本。一个公司通过经销商销售、电话销售或者直接销售的出售产品流程会非常不同。每种渠道会要求不同的下单方式、包装和装运。相同的情况也适用于保险公司，它们可能通过自己的代理销售，通过直接邮寄或电话销售，由于分销渠道不同，保单的处理和更新过程也会不同。

### （二）作业分析与流程改进

1. 作业分析是持续改进的基础

在做任何一项作业分析时，都应该记住对增值作业和业务流程进行持续改进的需要，同时消除非增值性作业和任务，这也是制定计划和预算的基本指导原则之一。

作业表示企业所履行的活动。战略目标代表企业想要实现的愿景。计划的指导原则以及作业分析能帮助企业达成其目标。作业和业务流程必须进行持续的评估以保证其有利于组织战略和目标的实现。业务流程结构的不合理会导致错误的最终期限、未完成的项目、失望的客户以及非增值性成本。

2. 非增值性成本定义

非增值成本是除了增加企业价值所需要的最少的设备、原材料、部件、场地以及工人时间以外的成本或作业。总而言之，非增值成本是一种浪费。

在企业的日常运营中，很多作业都是非增值的或者对企业使命的实现起次要作用。作业成本管理系统揭示了这些非增值作业以及次要作业，而这进一步构成了持续改进的基础。

在预算编制过程中识别出这些非增值性作业能帮助企业采取行动计划减少或者消除这些非增值作业。这些行动计划可以整合到员工的业绩考核中以保证行动计划得到很好的实施，从而使非增值作业减少或者被消除。而之前消耗在非增值作业上面的资源也可以转移到增值作业中。

3. 作业分析有助于减少浪费并促进持续改进

作业分析能提供识别多余的、重复的以及浪费的作业的信息，并能给出其成本驱动因素。因此，对作业的理解为企业提供了是继续实施该作业还是对其进行重组的决策基础。持续改进具有以下几个目的：

（1）消除浪费（非增值作业）。

（2）增值作业绩效的改进。

（3）跨职能业务流程时间的同步。

（4）质量的改进。

（5）通过纠正差异根源，消除流程的变动。

（6）简化作业。

作业和业务流程的持续改进不会随着经验或者时间的流逝自动产生。它需要管理层的持续关注。

成本动因是指在发生时会产生成本的那些因素。成本动因代表了该作业层面的最根本原因，寻找并消除成本动因或根本原因只是持续改进的一个步骤。

4. 持续改进作业

改进作业和业务流程的方法有很多种。有些方法只适用于特定的行业。然而，下面的这五个步骤可以适用于任何组织：

第一步，确定因果关系：成本动因/根本原因。

第二步，确定客户需求。

第三步，通过创新思维确定解决方案。

第四步，重新设计业务流程和作业。

第五步，管理重新设计的流程。

第一步，确定因果关系：成本动因/根本原因。如图 5－4 所示，不必要的流程或者要求可能是成本动因。在关于仓库的例子中，M 公司发现可以省掉家具入库检测环节来节省时间和资金。M 公司之所以可以省掉检测是因为这些家具已经被家具生产厂商检测过。如果制造商/供应商检测过，它们会为合格家具提供一个证书。这些预先的检测为 M 公司节省了大量的时间和资源。

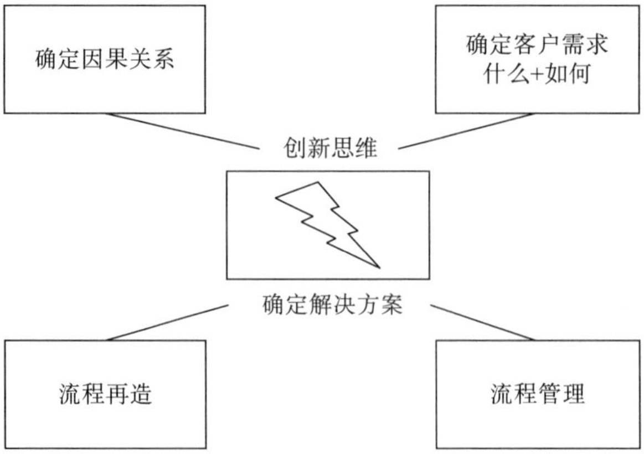


**图 5－4　持续改进**

图 5 –5 说明了没有供应商检验证书的情况。缺少之前的检验意味着需要更多的任务，投入更多的资源以及更多的工作量。

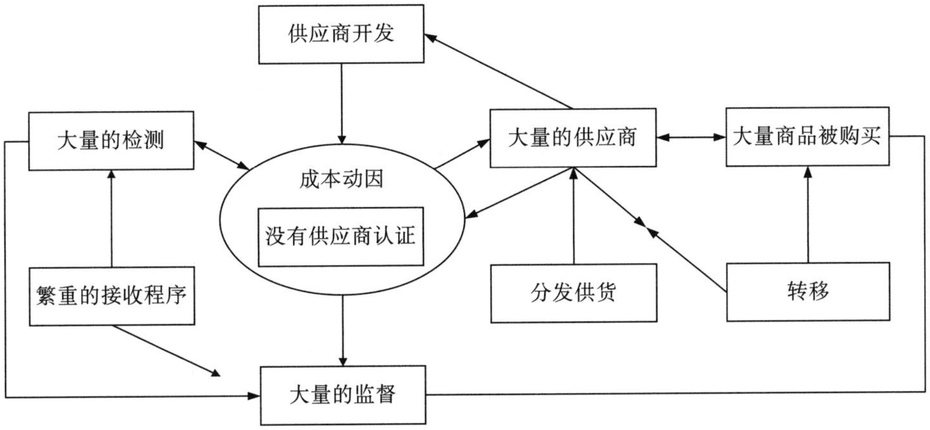


**图 5 –5 缺乏供应商检验认证成为一个成本动因**

坚持让制造商/供应商负责检验，使 M 公司节约了大量成本。因此，检验或者说缺乏检验是其成本动因。

组织应当确定其业务流程和作业。同时它们应当识别出尽可能多的成本动因。一些组织喜欢分门别类地建立成本动因。下面是成本动因分类的一些例子：

· 成本动因来源：部门外部、部门内部、技术。

· 可控性：部门可控、部门外可控、组织外可控。

· 投资需求：资本、员工时间。

第二步，确定客户需求。组织应当通过市场调研来确定客户（包括内部和外部）的需求。根据客户的答案，组织对其业务流程进行改进以满足客户的需求，同时使成本降低。然后，组织应当听取客户的建议。

第三步，通过创新思维确定解决方案。平时，我们多被日常现状所束缚，很少去寻找改进现状的方法。如果我们花时间进行头脑风暴，真正对所做的工作进行创造性思维的话，我们一定能找到完成这些工作的其他方法。只需要进行一点创新思维就可以了。那么什么是创新思维，应该如何开始创新思维呢？

首先是要从不同的角度审视和思考你的工作。下面是一系列从不同的角度审视作业和业务流程的可能方法：

· 向业务流程或者作业的基本假设提出挑战。它们真的需要当前的水平吗？还有别人提供这些服务或者产品吗？作业的地点能变化吗？其中一部分服务能不能在别的地方产生？

· 跳出所在的行业，看看别的行业如何运作其业务。虽然它们的作业可能跟你的行业无关，但是业务流程背后的基本原则可能对你所在的行业同样有效。

· 学习别的分部、部门、办公室、产品/服务或者业务单位的模式。其中一些模式很可能会为你的部门带来利润。

· 与其他分部或者部门建立联系。它们可能在将来会起作用。

·在你的供应商，供应商的供应商，你自己，你的客户以及客户的客户间建立关系网络。

·充分利用失败。不要隐藏失败，将它们用作培训的工具。当然，在这样做的时候不要危害到员工的感情和士气。

·反向运作你的作业或流程或者从中间开始你的作业或流程。你的流程应该从其中任何一点都能开始。

·建立创意孵化器（如文章、意见箱、客户问卷、员工论坛等）。

·制造超级英雄。

·变成产品、服务、作业或者业务流程。想像自己通过整个步骤。在哪将改变整个流程，如何改变？

其次是采用积极的愿景。向客户和员工描述将来的计划。强调成果，而不是失败。在表述作业时，要抓住希望实现的成果的要点，而不是描述如何操作该作业（即不要将该作业描述成“让供应商提供检验”，而应描述成“补偿供应商”）。抓住期望实现的成果的关键（补偿供应商）能启发你思考其他的一些可能。

·改变范例。打破原来的模子，改变工作流程的模式。

·质疑一切。再多的质疑也不会造成损害，不要因为一项流程已经以一种方式运行了许多年，便认为它就是最有效的方式。

·在组织内部和外部改变你的业务流程的界限。

·与客户和员工打交道时，多使用褒义性的词汇。褒义的词汇能加强彼此间的关系。

·使用“其他”，假设自己是其他的人、服务、地点或者事物。

·永不责备；关注学习和进步。

·阅读至少一样行业外和/或业务外的杂志以获取新的创意。

第四步，重新设计业务流程和作业。一旦确定了企业业务流程或作业中的问题，就应设计出可能的解决方案，并“嵌入”整个业务流程中看是否合适。有些方案可能有效而另外一些则可能无效。应该尝试从失败中吸取教训。索尼公司以产品的成功而出名，但它也拥有最高的失败率。大部分人都只记住了成功而忘记了失败。

一旦找到了可行的解决方案，就可能需要重新设计业务流程或者作业以使它们更有效。而这意味着在重新设计业务流程后，需要进行额外的作业分析。

值得注意的是，一个解决方案可能对某项作业有效，而对其他作业无效。因此，应当通过反复试错来学习，而不是指责或者失望。

第五步，管理重新设计的流程。一旦业务流程和作业得到改进，为了保持这些进步，管理技术也应当改变。如果老的业务流程都不起作用，老的管理方式又怎么会起作用呢？业务流程进步的方式可以通过保留日志以及用日志记录节省的时间、资源以及工作量等方式来进行追踪。

5. 持续改进对任何业务流程和作业都有用

如果所有的业务流程都被分解成了单个作业，那么实施持续改进就比较容易。一种方法是对每项作业进行评估，找出其浪费的地方，然后以此为出发点来实施持续改进。如果各项作业的浪费都被消除，那么业务流程将会得到改善。

6. 改进作业和产出的六种方法

经理人员及流程工作人员应该对流程的各个环节进行改进，使整个业务流程得到改善。而且关注的焦点应在于改进业务流程，因为如果是关注于资源或者作业，很可能会导致次优。下面是一些进行业务流程和作业改进的小技巧：①在所有可能的地方减少业务流程和作业的数量。②消除非增值或者不支持增值作业的步骤、任务或者作业。③协调各项作业同客户、供应商、其他成本中心以及其他分部的关系。④在所有可能的地方将作业自动化。⑤改进内部方法及/或改变作业实施的顺序。⑥以当前的业务流程或者作业的单位成本为起点，计算各个成本科目的成本（如工资、物料等）。

如果以上六点能得到很好的实施，那么作业和业务流程的改进便得到了保证。这些改进会带来增长所需的资金，能节省成本和工作量，同时减少失败。

### （三）作业预算分析

首先，应当确定当前的营运水平，这是我们为了实现企业目标进行分析和计划的最基本的出发点。其次，这些营运工作的效率如何？对于工作效率的判断，有如下五个标准：

1. 这项工作是客户要求的结果吗？

工作应当是为了满足客户的需求，而且应当是为了满足客户愿意掏钱的那一部分需求。这里的“客户”，既可能是外部的客户，也可能是内部的客户（其他部门）。工作的产出必须是在一定时间之内，以客户愿意为其支付成本并以合格的质量为客户创造价值。不满足客户需求进行工作不仅会导致浪费，而且会恶化竞争地位。

2. 该工作是一种浪费吗？

如果一项作业限制了组织持续地满足客户需求，那么浪费就产生了。浪费源于错误（修改、检查及业务的中断）、无用的文本工作、无效的政策与程序、产能管理不当以及组织结构不当。

3. 是按照最佳实践完成工作吗？

在考察一项作业的业绩时，考虑其最佳实践很重要。还有完成该作业的更好办法吗？管理层应当设定一个计划，使所有作业都以高效、具有成本效益而且保证高质量的产品和服务的方式运行。因此，需要确定是否采用了最佳实践，是否有更有效地获得产出的办法？是否有更有效地能满足客户需求、为企业带来利润的方法？

4. 还存在多大的闲置产能（人员与场地）？

优秀的经理都能够持续发现闲置产能，并能充分利用、重新部署或者出售掉。采用最少的必要资金完成任务，能获得最高的利润率。因此，所有资源，包括人力资源和设备，都应当充分利用以满足客户需求，保证质量，创造利润。

5. 完成作业需要花费多长时间？

快速地完成工作，去掉不必要的拖延，对于创造良好成果和利润至为重要。一件家具在M公司所呆的时间越长，就需要越多的员工来对此家具保持关注和进行相关业务，意味着公司将会花费更多的成本。因此，延迟增加了在这件家具上造成损失的可能性。客户为货物支付对价之前的时间越长，接收部门遭受损失的可能性就越大。接收部门的最优状态是尽快地接收并送出货物。因此，减少作业时间，就能增加弹性、减少成本、提升客户满意度。

## 四、预算调整

为保证预算的准确性与严肃性，需针对预算执行过程中出现的重大的、异常的且非管理和人为因素导致的差异及时进行调整，其余预算差异均不得调整。

当财务结果不太令人满意时，管理者不必只局限于继续调整资源产能水平，还可以有其他选择，而这些选择并不会对费用造成很大影响。图 5 –6 列出了五种调整方案，计划和预算人员可以考虑使用这些方案对预期资源支出需求进行调整，以达到期望的财务结果。这种方法被称作“封闭式 ABP”框架。①

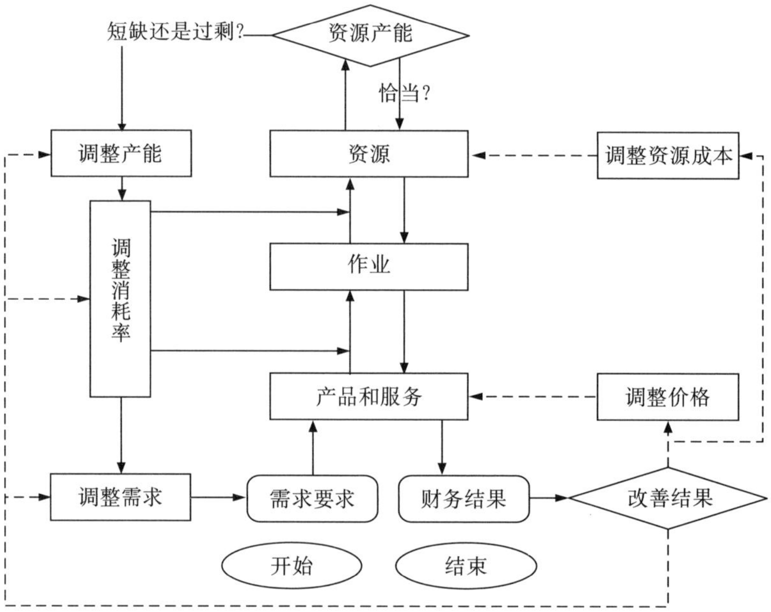


**图 5 –6　预算调整方案**

五种选择的目的都是改善组织的利润，但每种调整方案的相对影响对每个组织及其经营环境都不同。如前所述，作业成本法模型将输入估计的资源需求数量以决定所需资源与实际资源之间的差额。

假设出现产能的短缺或过剩，管理者可能会采取以下措施：

1. 调整产能：增加人力、增加物料供应、延长时间及购买设备以应对产能短缺；而缩减规模、减少人力和机器可以应对产能过剩。

2. 调整消耗率：如果可能，可以增减现有资源的速度和效率。例如，如果增加人力会使决策不经济，那么组织就不会再雇用员工，因此生产效率就会提高。

3. 调整需求：如果资源仍然有限，就应该对需求进行控制或限量。

后面两种选择具有可操作性，但也会影响需要的资源消耗水平。在这轮调整平衡了产

---

① 参见加里·柯金斯的《作业成本管理完全操作手册》。

能的供求之后，如果财务结果仍然无法令人满意，管理者可以进行如下财务调整：

1. 调整价格：以营利为目的的商业企业或自负盈亏企业的价格可以上下调整，这种调整会直接影响销售收入。当然，需要十分小心，因为价格弹性引起的产品销量变化可能会抵消价格变化带来的收入增加。

2. 调整资源成本：如果可能，可以调整工资水平和原材料的采购价格。

## 五、预算考核

作业成本预算考核是对各级作业中心管理者及现场工作人员关于可控成本管控效果的绩效考评，需确保考核结果与管理人员的经济利益挂钩。责任中心的预算执行反馈报告主要反映其责任预算的落实情况，需列示成本的预算值、实际值、差值及差异产生原因等。

### （一）业绩报告

1. 业绩报告概述

业绩报告通过与计划的业绩进行比较来监控实际业绩。因为预算是在作业层面编制，因此，业绩报告也应当在作业层面进行管理。如果产出、工作量、质量或者成本存在差异，管理层可以使用业绩计量指标来确定问题的根本原因并量化其财务影响。

（1）主动流程控制。流程控制可以用来对所计划层面的业绩进行监控。流程控制可以分解为以下两大类：主动流程控制和被动检查（成本监控）。

主动流程控制是指在作业进行中，对作业进行监控的流程。流程控制的作用在于它能阻止问题的发生，因为在运行过程中，问题一出现，就马上会被检测到。相反，大多数会计控制的做法是等到月底才报告一个不利的差异，而在这时候采取改正措施已经太晚了。

在业务流程和作业两个层面都应当进行流程控制。业务流程的经理与实施构成业务流程的作业的流程工作人员必须紧密配合一起工作。流程工作人员必须协调其所在部门的作业和更高层级的业务流程。他们应当选择最优化业务流程的作业指标并就其达成一致，而不仅仅只是最优化其作业。同时，不同部门的流程经理和流程工作人员应当一起设计流程控制，以保证实现业务流程的质量、时间和成本目标。这些业务流程目标既要满足客户的需求，又应该和组织的目标相一致。而且这些作业指标应当和业务流程及部门的最佳实践进行比较。

选择作业指标可按以下三步进行：

第一步，确定作业指标。组织应该使用支持其战略的作业指标。同时，该指标对流程工作人员而言是有意义的指标，而且还要便于计算。

第二步，收集业务流程和作业产出及交易的统计数据。在业务流程和相关的、统一的作业指标选定之后，应该确定作业发生的频率。以下是作业量信息的几个来源：①信息系统交易统计。②部门记录（例如，如果服务订单按顺序进行编号，那么只需将尾号减去起始号，即可得到服务订单的近似数量）。③抽样。

第三步，验证业务流程及作业指标的合理性。必须对作业指标进行验证以保证作业和业务流程之间的合理关系，还应该选择其他备用业务流程和作业指标，以保证指标有意义（避免缺乏普遍性）。以下是验证业务流程及作业指标合理性的主要方法：

· 高低点法，研究业务流程及相关作业在最高状态和最低状态时的成本特性。

· 曲线拟合法，使用历史数据绘制业务流程和作业层面与成本之间的关系。

· 多元回归分析，与曲线拟合法类似，把成本的变动作为因变量，用多元函数拟合。

· 提炼能影响业务流程和作业成本的特征与特性。

在流程经理和相关流程工作人员确定了业务流程和作业的指标后，应当设计主动流程控制来了解流程中导致差异的因素（见图 5－7）。

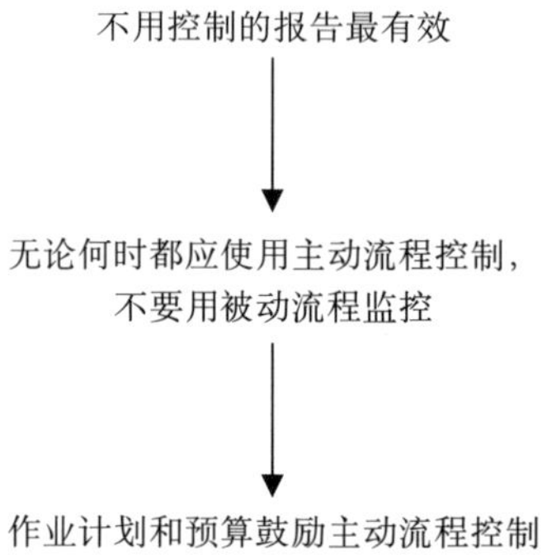


**图 5－7　业绩报告的主动流程控制原则**

（2）被动检查。传统的会计控制本质上是被动的，衡量实际与预算业绩之间的差异就是一种被动检查。这种事后的成本监控方法是将实际作业与业务流程成本同预算的成本进行对比分析。由于数据太滞后，而且过于汇总，这种方法使流程经理和流程工作人员不能在需要的时候做出改变。如果使用主动流程控制进行业绩报告，在工作量或者业务流程发生变化时，流程经理和流程工作人员能有一些计划可供选择。

2. 作业业绩报告的构成

作业业绩报告应该包括以下内容：①预算的单位作业成本。②预算的作业工作量。③预算的总作业成本。④实际成本。⑤实际作业量。⑥增值（实际数量×预算单位成本）。⑦增值差异（增值－实际成本）。

## 六、作业成本预算与其他系统融合

### （一）ABB/P 和正式预算格式的结合

图 5－8 描述了 ABB/P 如何与来自其他传统流程的输入相结合。问题是尽管 ABB/P 提供了全面的费用指标，但仍然不易将这些费用归集至相应的成本中心和费用会计科目。总之，只有当预算与管理者收到的标准报表格式相近并能够反映相关的组织结构，此时管理者才会认为是一个完整的预算。

ABB/P 的先行者对其充满信心。尽管 ABB/P 的报告格式不如正式预算格式，但这些先行者仍然认为 ABB/P 具有非常强的逻辑性和功能。我们认为图 5－8 最后一项转化中的问题将有助于改善组织的人力资源管理，这也包括平衡计分卡绩效计量的第四种观点，即将人作为重要的资产。

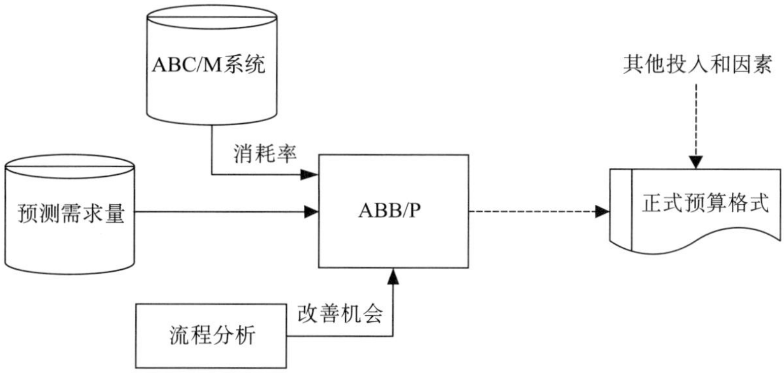


**图 5－8　ABB/P 和正式预算格式的结合①**

ABB/P 认为有相当数量的费用并不会随着产出数量的变化而变化，这些并不完全是资源约束理论所描述的可变成本。如前所述，资源的消耗并不连贯，因此经济学家将这些支出归入分步固定成本。因为一个组织不可能只购买一个机器的 1/3 或雇佣半个员工。ABB/P 也承认图 5－8 中第 2 步存在分步固定成本，而图 5－8 中的第 2 步是调整资源的产能。ABB/P 认为，当外部需求数量变动时会出现以下情况：（1）一些作业成本会最终随着每批产出的数量或其他任意因素而变动。（2）一些资源支出会作为不可分割的整体为组织所消耗，因此会产生分步固定费用，即对这些资源只能全部利用或全部移除。

### （二）预测成本不同方法的框架

图 5－9 是一个描述预测成本不同方法的框架，该图的横轴为预算期间，从右至左表示由短期到远期。纵轴表示 6 个约束条件，但图标是 6 个约束条件的混合，表示未来需求变化的种类和数量。

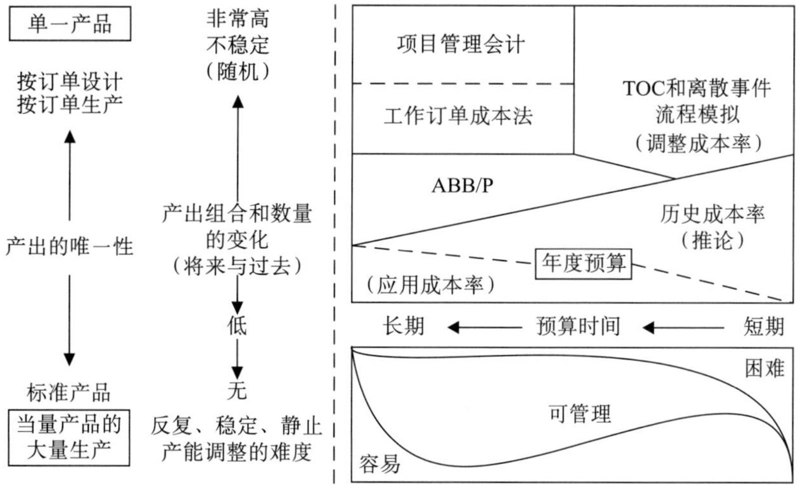


**图 5－9　预测结果的方法**

① Alan Stratton，CAM－I ABB&P Interest Group Presentation，January 12，2001.

考察图 5 -9 的最下面部分，该部分表示在整个计划期间调整产能的难易程度。该部分表示随着计划期间的延长，费用的可变性越来越大，而使用程度越来越小。历史成本率可能更适合于期间更长的决策，因为此时几乎没有分步固定费用的问题。

## 本章小结

本章以作业成本计算为基础，讨论了作业成本预算的基本特征，阐述了作业成本预算与传统成本预算方法的区别。从作业成本预算的概念出发，描述了作业成本预算的准备、作业预算的编制、预算控制、预算分析、预算调整和预算考核等内容。作业成本预算相对于传统预算，具有更好地链接战略、实施战略、配置资源和提高资源管理与利用效率的优势，是企业开展精益化管理特别是精益成本管理的重要而有效的工具。

# 第六章　作业成本管理案例

A 集团组建于 2001 年 10 月，是具有国际影响力的炼焦煤生产加工企业和市场供应商之一，主营业务为煤炭、电力、热力、焦炭等，下有 23 个子、分公司，现有煤矿 151 座，涉及行业有煤炭开采、发电、煤化工、建筑安装等。在成本管理方面，A 集团以习近平新时代中国特色社会主义思想为指导，围绕公司总体战略和主要目标，把握高质量发展方向，以精益化管理为抓手，以信息化管理和作业成本法为手段，通过对标国内行业领先企业，发现成本管控短板与差距，立足自身，寻求突破提升途径。通过作业成本管控模型构建，加强生产过程管控，消除无效管理环节，实现资源优化配置，全面提高集团公司成本管控能力。下文将以 B 矿为例对作业成本核算、作业成本预算、作业成本管理进行说明。

B 矿紧扣 A 集团 2022 年各项工作安排部署，紧紧围绕矿井“13335”工作思路，苦练内功，提质增效。为持续提升成本管控精益化水平，实现成本管控水平提升，该矿基于矿井实际，围绕集团的部署安排构建了以作业成本法为核心的全方位成本管控体系。

B 矿的成本管理过程分为作业成本核算、作业成本预算和作业成本管理三大方面。作业成本核算阶段主要通过成本核算收集并分配成本，该阶段首先从成本分配观的角度说明“耗费了什么”，然后从流程观视角对各环节作业进行分解，解释“为什么形成耗费”。作业成本预算阶段则需建立作业成本定额体系，并依托成本定额体系编制预算。作业成本管理阶段依托上述两个阶段产生的成本数据和预算数据，依次经过控制和评估两个环节管理各项作业。

## 第一节　作业成本核算

### 一、案例背景

#### （一）单位基本情况

B 矿所属公司是 A 集团下属三级子公司，上级单位为甲二级公司。矿井于 2003 年由甲二级公司并购。B矿原设计生产能力300万吨/年，扩建后生产能力1 000万吨/年，井田总体向西倾斜单斜构造，开拓方式为斜、立井混合，机械抽出式通风，主采煤层为5#、9#煤，水文地质类型中等，属低瓦斯矿井，煤层易自燃，煤尘有爆炸危险性。全矿在册职工2 299人，现有职能部室12个，区队25个。

B矿以原煤作为主营产品，其生产工艺流程如图6－1所示。

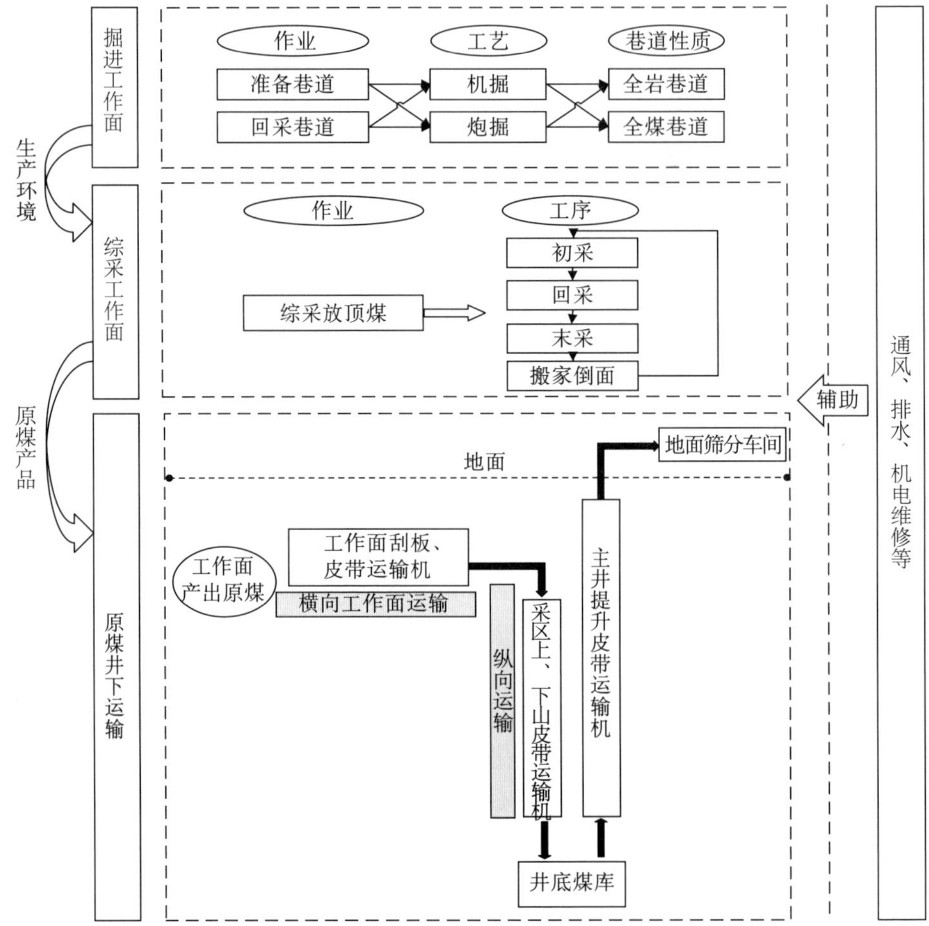


**图6－1 B矿原煤生产工艺流程**

## （二）选择应用作业成本法的原因

1. 实施作业成本法的必要性

作业成本法（Activity－Based Costing，ABC）是以作业为基础，通过确认和计量作业量及作业成本，最终得到相对准确的产品成本的成本计算方法。实施作业成本法所得到的成本信息之所以更加真实，是因为该方法强调从确定作业的成本动因开始，科学地揭示成本发生的原因，找到问题的根源，并将工作的重点放在如何改进生产经营过程上，而非盲目地调整生产、改进设备来调整成本费用结构。作业成本动因分析有助于企业在产品制造阶段有效地控制产品成本。

实施作业成本法的主要目的在于，通过追踪分析所有与产品相关联的作业活动，尽可能发现并消除非增值作业、提升增值作业的运行效率，最大限度地减少损失和浪费，优化作业链条，提高计划、决策、控制、考核的科学性和有效性，提升客户价值，并最终实现提高企业的盈利能力和市场竞争力、增加企业价值的目标。

（1）作业成本法的优点。与传统成本法相比，作业成本法的优点主要表现在以下几个方面：

首先，作业成本法能够提供更加准确的成本信息。对生产成本进行计算时，传统的成本计算方法大多偏重于对直接成本的计算和控制，而对间接费用大多忽略其成本特征，仅考虑产量一个因素进行分配。作业成本法则是从成本费用产生原因的角度切入，综合考虑多种因素，进而制定出更贴合企业实际的成本分配标准。在成本分配上，作业成本法更加强调成本的可追溯性，利用动因体系以直接追溯或者动因追溯的方式核算产品成本。在该动因体系的指引下，企业往往更能明确地找到成本控制的关键，方便实施成本决策。

其次，作业成本管理的核算和管理范围更加全面。传统成本法认为在收入一定的条件下，要想提升企业的经济效益，就必须节约支出，且传统的成本管理模式主要从产品层面进行生产成本管理，按照成本项目对产品生产过程中产生的成本进行核算和分析，在成本绩效考核指标的设置方面多趋向于引导全员降低成本。作业成本法从识别和衡量成本产生的原因出发，从产品生命周期视角将成本管理责任体系深入到作业层级，将作业管理深入企业的生产经营过程各环节，提高成本核算、管理范围与企业经营管理业务范围的匹配程度，从而推动企业整体管理水平的提升。

再次，作业成本法的成本分配方式更加具体。传统成本法针对直接成本直接归集到对应产品，针对间接成本先追溯到部门，然后再由部门以各自的标准分摊至各类产品。作业成本法则科学划分出作业中心，强调成本计算需严格遵循两个阶段：第一个阶段是将执行作业所耗费的资源追溯到作业得到作业成本；第二阶段是利用作业动因计算得到作业成本动因分配率，并根据该分配率和产品所消耗作业的数量，将作业成本追溯到有关产品。相比较之下，作业成本法计算产品成本的过程更加清晰、立体。

最后，作业成本法利于绩效考核。传统成本法主要针对生产过程中所发生的成本、费用进行严格管控，采用财务指标的方式评价各部门及相关人员的工作业绩，成本绩效评价的客观性有所欠缺。作业成本法则将生产过程划分为众多的作业，并将类似的作业结合为一个作业中心，各作业中心人员的绩效考核直接和本中心实际发生的成本和分解得到的目标成本相挂钩，实现了责任成本制度与作业管理的有机结合，有助于形成一套涵盖预算、核算、分析、考核的科学的管理体系。

（2）作业成本计算。作业成本法计算以“产品消耗作业，作业消耗资源”为核心，以作业作为资源和产品的中介，依据企业的生产流程，将耗费的全部物料、人工、电力等资源通过资源动因准确分配到各项作业，相同或相似的作业合并成为一个作业中心，作业中心成本又按照作业动因最终分配给企业生产的产品。为进行作业成本计算，首先必须明确与作业成本法相关的几个基本概念：

①资源：资源是企业成本耗费的最初形态，是成本产生的根源。企业的生产活动就是耗费资源并产出产品的过程，企业在生产活动中所消耗的材料、人工、电力等都属于资源

范畴。作业成本法下的资源是指为执行作业活动而耗费的材料、电力、燃料、人工等。

②作业：作业可理解为产品制造过程中为达到特定目的而发生的一系列资源耗费活动，是作业成本核算系统中最小的成本核算单元。企业的产品设计、物资采购、生产加工、对外销售、售后服务各环节均由众多作业构成。能被称之为作业的活动必须具备三条属性：一是该活动的投入与产出有明确的因果关联性；二是该活动以作业链条的形式与其他活动一起构成贯穿于企业动态经营全过程的价值链；三是该活动可在一定的客观基准下量化为具体指标，进而参与成本计算。

③作业中心：作业中心是一系列相互联系、功能类似的作业集合，建立作业中心主要是为了归集各类作业的成本信息，向信息使用者提供有关各项作业所消耗资源的信息、作业相关的成本信息以及作业执行情况的信息，达到简化成本计算的目的，同时也为最终成本计算结果的准确性提供保证。

④成本动因：成本动因是引起成本发生的因素，是连接资源、作业和产品的桥梁。成本动因并非均可量化，但需要作为触发因素解释企业执行作业的原因以及耗费资源的多少，对于资源动因和作业动因的选择具有重要影响。作业成本法下的成本动因分为两类，分别为资源动因和作业动因。其中，耗费资源的原因被称之为资源动因，决定单项作业对资源的耗用量，并将总分类账上的资源成本分配给相应作业；而作业动因则作为将作业成本分配给产品或服务的标准，计量产品所消耗作业的多少及成本金额，反映产品耗费作业的逻辑关系，并经过分析可帮助企业揭示哪些作业是低效率的、应消除的。

（3）作业成本法的应用。作业成本法所具备的可以准确核算各作业环节成本、帮助企业减少生产流程各环节的浪费、帮助企业优化业务流程等优点，引得国内外企业广泛采纳。企业应用作业成本法主要解决两个方面的问题：一是精简作业成本的核算过程，二是强化成本的控制过程。

①提升成本核算信息的精准性：作业成本法强调以直接追溯或动因追溯的方式计入各作业环节成本，解决成本信息的扭曲问题，为企业编制年度预算奠定清晰、明确的基础，建立各作业中心的目标责任体系。

②改进成本控制：通过作业成本法建立事前综合平衡、事中监督管控、事后总结分析、期末绩效考核的系统化、规范化的闭环管理模式，打破原有成本管理模式的滞后性。从成本动因上改进成本控制，强化前瞻性成本管控，可以消除非增值作业、提高增值作业的效率，有助于持续降低成本和不断消除浪费。便于整体统筹组织生产，减少生产流程中各环节的消耗，有效提高资源的利用率，实现从业务源头控制成本的目标。

2. 实施作业成本法的可行性

煤炭企业的成本构成具有以下几个方面的特性：原材料并不构成产品实体，辅助材料成本费用较高；人工成本比重较大；生产活动受地质构造、储存等条件限制；生产组织成本管理复杂，导致制造费用构成的特殊性；不存在规模经济。具体到B矿而言，其采用作业成本法的适用性如下：

（1）生产过程清晰化，可以按照生产工序划分作业成本中心。煤炭企业的生产过程可以分为采煤、掘进、机电、运输、通风、其他等若干个环节，每一个环节又可细分为多道工序。可以按照生产工序划分作业成本中心，归集、确认和计量各作业中心成本，以确保成本核算准确，也有助于实现作业成本业绩的考核和评价。

（2）成本结构稳定，变动因素较少，便于分作业进行成本核算。煤炭企业主要成本项目包括材料、职工薪酬、电力、折旧、修理费等，项目比较固定，并且各作业环节主要成本项目一致；安全费、井巷工程费、维简费等专项储备费用计提标准确定后一般不发生变化；财产保险费、试验检验费、绿化费等其他成本费用占比相对较小，而且变动因素不大，为各作业环节的成本统计分析提供了有利条件。

（3）成本管理基础良好，精益成本管理模式为作业成本法的有效实施提供了便捷。A集团针对当前煤炭行业成本管控存在的问题，强调坚持以精益化思想为指引，以精益化管理为抓手，以价值创造为导向，积极构建全方位的成本管控模型。精益成本管理本质是利用成本信息所实施的管理，以实现供应链成本最小的目的。在精益成本管理背景下实施作业成本法，将先进的核算方法引入成本管理系统，弥补了传统成本核算方法下成本信息不准确的缺陷，从而实现预算、核算、控制、分析、考核全流程更加完整高效。二者的完美结合不仅保证了成本信息的准确性，还实现了对产品生产过程成本耗费实施精细化控制，为矿井成本管理水平的持续提升提供了依据。

（4）生产技术日益进步，工艺流程标准化，有利于提高成本核算的准确性。目前，B矿不断进行技术升级改造，应用新设备、新技术、新工艺，企业的机械化及信息化水平不断提高，基于5G网络的B矿智能矿山建设促使煤炭生产自动化、标准化水平进一步提升，更有利于成本数据的收集和量化，为实施作业成本法核算奠定了良好基础。

（5）人才队伍不断壮大，先进管理理念的接收与内化。随着市场经济的发展及大量专业人才的加入，B矿正逐步摒弃传统的成本管理思想，广大干部职工文化水平不断提升，给企业发展注入了强大活力，管理者愿意主动学习和接受先进的管理理念，能够深刻认识到传统成本管控模式的不足，基层职工也具备了使用先进管理工具的能力和素质，这些为作业成本法的实施提供了良好的内外环境和机遇。

（6）管理信息系统的建立和完善。作业成本法的分析和计算需要有大量的数据做支撑。近年来，A集团积极推动财务共享建设，B矿也加快了推进信息化建设的工作力度，在企业内部生产管理系统、物资供应系统和浪潮财务软件管理系统基础上，应用以作业成本管理为中心的作业成本定额管理系统，逐步实现信息收集自动化，为各作业环节的成本数据归集和核算创造了良好条件。

综合考虑我国煤炭企业生产工艺特征和B矿当前成本管理现状，作业成本法的引入和使用是切实可行的，并且在当前成本管理模式下，引入作业成本法对于解决B矿在煤炭生产过程中成本预算、成本核算、成本控制、绩效考评等方面存在的不足具有重要作用。

## 二、总体设计

### （一）作业成本核算思路

成本核算思路如图6－2所示：

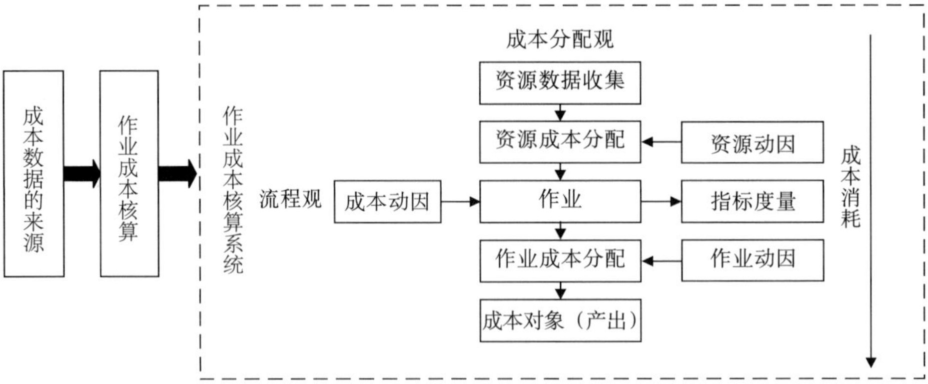


**图 6－2　B 矿作业成本核算总体设计**

B 矿的作业成本核算过程可划分为两个链条：一条是从成本分配的角度，以“产品消耗作业，作业消耗资源”为原则，通过作业贯穿经营管理全过程。如图 6－3 所示，煤矿首先按照资源动因将人力、电力等资源费用追溯或分配至采煤、掘进等各项作业，计算出作业成本，然后再根据作业动因，将作业成本追溯或分配至成本对象，最终完成原煤产品成本的计算；另一条是从流程的角度，按照时间发生的先后顺序排列各工作作业，从一个业务流程的开始到结束归集作业成本，并按照“流程→作业→任务→步骤”的逻辑将作业成本层层分解。

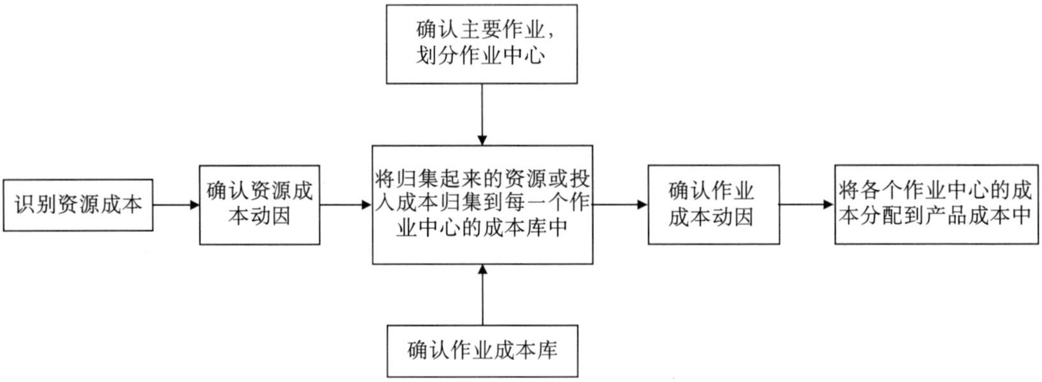


**图 6－3　B 矿作业成本计算基本流程**

注：成本分配形式主要使用追溯和动因分配，尽可能少使用分摊。

### （二）作业成本核算对象

B 矿依据作业成本法将作业作为成本核算对象，并结合 A 集团五级作业中心体系及矿井生产作业的实际情况划分作业中心进行管理，因此，对作业及作业中心的管理是 B 矿实施作业成本管理的关键。A 集团的作业中心体系是以生产工艺和作业工序为原则对煤矿的生产经营全环节自上而下进行的作业划分，作业中心划分至最小作业单元，并结合具体成本动因归集、分配成本费用。该体系基本涵盖了矿井单位所有作业环节。B 矿作业及作业中心划分情况如表 6－1 所示：

**表 6－1　　B 矿作业及作业中心划分表**

| 一级作业 | 二级作业 | 三级作业 | 四级作业 | 五级作业 |
|---|---|---|---|---|
| 生产系统 | 采煤作业 | 综采放顶煤 | 传统方式 | 初采 |
| | | | | 回采 |
| | | | | 末采 |
| | | | | 搬家倒面 |
| | 掘进作业 | 准备巷道 | 机掘 | 全岩巷道 |
| | | | | 全煤巷道 |
| | | | 炮掘 | 全岩巷道 |
| | | | | 全煤巷道 |
| | | 回采巷道 | 机掘 | 全岩巷道 |
| | | | | 全煤巷道 |
| | | | 炮掘 | 全岩巷道 |
| | | | | 全煤巷道 |
| | 机电作业 | 机电安装运行回收 | 大型固定设备 | |
| | | | 监测监控系统 | |
| | | | 压风、给排水管路系统 | |
| | | | 井上供电系统 | |
| | | | 井下供电系统 | |
| | | | 水暖系统 | |
| | | 机电维修 | 供配电设备维修 | |
| | | | 机械设备维修 | |
| | | | 专业工器具维修 | |
| | | | 机电设备维护保养 | |
| | | 机加工 | 非标件材料加工 | |
| | | | 支护材料加工 | |
| | | | 风水管路加工 | |
| | 运输作业 | 主运 | 原煤运输 | |
| | | | 矸石排放 | |
| | | | 设施设备安装、维保及回收 | |
| | | | 强力皮带修补更换 | |
| | | 辅运 | 人员运输 | |
| | | | 物料运输 | |
| | | | 设施设备安装、维保及回收 | |
| | | 巷道维护 | 巷道质量标准化 | |

续表

| 一级作业 | 二级作业 | 三级作业 | 四级作业 | 五级作业 |
|---|---|---|---|---|
| 生产系统 | 通风作业 | 通风 | 通风系统巡检维护 | |
| | | | 永久设施构筑 | |
| | | | 临时设施构筑 | |
| | | | 局部通风、设备安拆 | |
| | | | 通风监测、监控 | |
| | | 防瓦斯 | 瓦斯监测巡检维护 | |
| | | | 瓦斯抽采系统 | |
| | | 防煤尘 | 防尘巡检维护 | |
| | | | 喷雾设施 | |
| | | | 防尘管路 | |
| | | | 隔爆设施 | |
| | | | 自救设施 | |
| | | | 煤层注水设施 | |
| | | 防灭火 | 防灭火监测 | |
| | | | 束管监测 | |
| | | | 阻化剂喷洒 | |
| | | | 密闭 | |
| | | | 注氮 | |
| | | | 灌浆 | |
| | | | 防火设施 | |
| | | 一通三防设计支出 | | |
| | 其他作业 | 地测防治水 | 测量 | |
| | | | 防治水 | |
| | | 后勤服务 | 职工澡堂运行 | |
| | | | 卫生保洁 | |
| | | 环保 | 污水处理 | |
| | | 零星工程 | 井下零星工程 | |
| | | | 地面零星工程 | |
| | | 生产管理服务 | 安全管理 | |
| | | | 生产调度 | |
| | | | 生产技术管理 | |
| 非生产系统 | 管理费用 | | | |
| | 财务费用 | | | |

由于煤炭生产环节所耗用的资源较多，该环节成本支出占吨煤成本的比重较高，在整个作业环节属于成本的核心控制阶段，因此需要根据生产流程细化采、掘、机、运、通等

作业环节。其中，各生产作业的相关作业范围如表6-2所示。

表6-2　　B矿生产作业相关作业范围划分表

| 作业 | 作业范围 |
| --- | --- |
| 采煤作业 | 煤矿生产的基本作业，B矿目前采用一次采全高综采放顶煤走向长壁采煤法工艺，作业范围包括采用双滚筒采煤机割煤、装煤，液压支架支护，刮板运输机、转载机、胶带输送机运煤，自然垮落法处理采空区的方式来完成工作面的回采 |
| 掘进作业 | 煤矿生产的基本作业，由于矿井三年生产衔接计划不涉及开拓巷道，作业范围主要包括回采巷道和准备巷道 |
| 机电作业 | 煤矿生产的基本辅助环节，作业范围包括供配电系统、供排水管路及设备、设施的周期性检修维护，出井设备的清洗、拆检、损坏部件修复更换、零散部件组装、缺陷部件完善、设备检修完成后的车间调试运转，井下采掘开队组日常的机加工件设计图纸进行下料、制作 |
| 运输作业 | 煤矿生产的基本辅助环节，作业范围包括原煤运输、人员运输、物料运输和运输设备的日常保养。原煤运输主要依靠强力皮带运输；人员运输主要为架空乘人装置运输；物料运输作业主要为主提升机、齿轨车、电机车运输；运输设备的日常保养，对运输设备进行周期性维护，井下附属系统巷道及辅助运输设施则采用定期维护的方式 |
| 通风作业 | 煤矿生产的基本辅助环节，作业范围为与通风、防瓦斯、防煤尘、防灭火、一通三防设计相关的作业 |
| 其他作业 | 煤矿生产的基本辅助环节，作业范围为与地测防治水、后勤服务、环保、零星工程、生产管理服务相关的作业 |

## 三、作业成本核算过程

按照B矿的统一安排，B矿作为第一批作业成本法试点矿井，从2021年12月开始引入作业成本法核算体系。B矿的作业成本核算显示了与原煤产品相关的资源和作业，提高了成本数据的颗粒度，并通过利用作业分析过程将每一项作业详细展开，最终通过作业管理的方式实现流程优化和对流程相关当事人的业绩考核。B矿在成本分配观下的作业成本计算主要是满足流程观下作业分解的信息需要（见图6-4）。

### （一）成本分配观

在纵向作业成本计算过程中，通过资源动因传导给作业，随后作业成本经由作业动因分配给成本对象。B矿的作业成本计算总体上分为两个阶段：第一阶段是利用资源动因将资源成本费用分配到同质的作业成本库而非生产部门；第二阶段是将作业成本库汇总结果通过作业动因归集得到产品成本。

1. 资源成本归集

B矿按成本过程归集成本耗费，其原煤生产过程划分为九个环节：掘进、采煤、运输、通风、排水、井巷维修、设备装修、筛选加工以及其他生产过程，各生产过程的费用

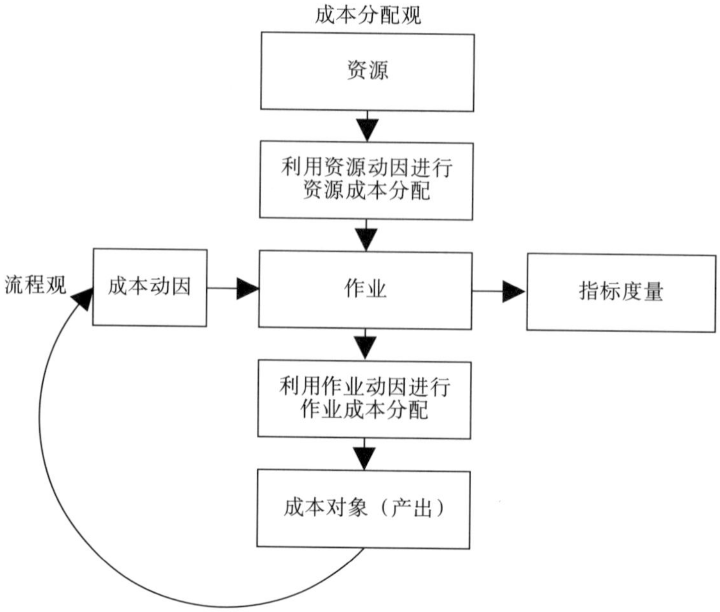


**图 6－4　B 矿作业成本核算流程**

内容统一规定按经济内容分为 11 类：材料及低值易耗品、职工薪酬、电力、折旧费、修理费、井巷工程费、维简费、安全费用、环境恢复治理基金、资源费用、其他支出。其中：

材料及低值易耗品：指煤炭生产领用的各种材料，包括木材、支护用品、火工用品、大型材料、配件、专用工具、自用煤、劳保用品、建工材料、油脂及乳化液、其他材料和低值易耗品。

职工薪酬：包括工资、社保、福利费等。

电力：煤炭生产过程耗用的电力，根据各个作业环节和部门的耗电量，按照生产经营流程进行归集和分配。

其他支出：包括办公费、水费、取暖费、租赁费、财产保险费、试验检验费、运输费、差旅费、会议费、出国人员经费、劳动保护费、班中餐、造育林费、长期待摊费用摊销、警卫消防费、劳务费、采准剥离费、脱硫脱硝费用、成本工程、村庄搬迁款、矸石治理费、财务费用和其他支出。

2. 分配资源明细、建立成本库

B 矿依托定额管理系统，通过选定成本动因将各项成本费用归集到作业的各动因条件下，形成不同动因条件下的总成本和单位成本。然后从作业的角度，将每一项作业中发生的所有资源耗费归类为一个成本库，相同的成本库是由同质的成本动因构成的。

由上述过程可知，成本动因对于 B 矿成本库的构建至关重要。成本动因是诱导成本发生的原因，也是资源费用归集、分配的前提和基础，因此在确定各作业中心的成本动因时，应坚持重要性和准确性原则，必须尽可能地将成本动因清晰、明确、规范，对作业环境“精准定位”。以 B 矿掘进作业为例，其成本动因情况如表 6－3 所示：

表 6 –3　　B 矿掘进作业中心成本动因库

| 作业环节 | 作业内容 | 动因 |
|---|---|---|
| 掘进作业 | 机掘作业 | （1）煤岩性质（石灰岩、砂质泥岩、砂质页岩、白砂岩、煤） |
| | | （2）断面形式（4.5m × 3.6m、5.2m × 3.6m、5m × 3.7m、5.4m × 3.7m、4.7m × 3.95m、5.9m × 3.7m） |
| | | （3）支护形式（锚网梁、锚索） |
| | | （4）巷道坡度（±15°） |
| | | （5）地质构造（断层落差小于 1m 时，不影响工作面正常生产） |
| | | （6）主运条件（1000m 皮带） |
| | | （7）辅运条件（单轨吊、履带运输车） |
| | | （8）巷道淋水（$10m^3/h$） |
| | 炮掘作业 | （1）煤岩性质（石灰岩、砂质泥岩、砂质页岩、白砂岩、煤） |
| | | （2）断面形式（4.5m × 3.4m、4.5m × 3.6m、5.2m × 3.6m、5.2m × 3.3m、5.9m × 3.7m、5.8m × 4.0m） |
| | | （3）支护形式（锚网梁、锚索） |
| | | （4）巷道坡度（±20°） |
| | | （5）地质构造（断层落差小于 1m 时，不影响工作面正常生产） |
| | | （6）主运条件（1000m 皮带） |
| | | （7）辅运条件（单轨吊、履带运输车） |
| | | （8）巷道淋水（$10m^3/h$） |

3. 汇总各级作业中心成本

B 矿掘进作业各五级作业中心不同动因条件下的成本以明细的形式列示于定额管理系统。将全煤巷道等五级作业总成本汇总至机掘作业（四级作业）对应项目，再加上五级作业的共同成本，形成机掘作业的总成本，除以作业量形成机掘作业的单位成本（见表 6 –4）。

表 6 –4　　B 矿生产系统掘进—回采巷道—机掘作业（四级作业）2022 年 × 月成本汇总表

单位：元

| 项目 | 共同成本 | 机掘 | | |
|---|---|---|---|---|
| | | 全岩巷道 | 半煤岩巷道 | 全煤巷道 |
| 一、材料及低值易耗品 | | | | 2883115.26 |
| 二、职工薪酬 | | | | 2799738.39 |
| 三、电力 | | | | 91812.19 |
| 四、折旧费 | | | | 1783178.80 |
| 五、修理费 | | | | |
| 六、井巷工程费 | | | | |
| 七、维简费 | | | | |
| 八、安全费用 | | | | |
| 九、环境恢复治理基金 | | | | |
| 十、资源费用 | | | | |
| 十一、其他支出 | | | | 221644.48 |

将机掘等四级作业总成本汇总至回采巷道作业（三级作业）对应项目，再加上四级作业的共同成本，形成回采巷道作业的总成本，除以作业量形成回采巷道作业的单位成本（见表6－5）。

**表6－5　B矿生产系统掘进—回采巷道作业（三级作业）2022年×月成本汇总表**　单位：元

| 项目 | 共同成本 | 回采巷道 | |
|---|---|---|---|
| | | 机掘 | 炮掘 |
| 一、材料及低值易耗品 | | 2883115.26 | 261321.03 |
| 二、职工薪酬 | | 2799738.39 | 1490276.35 |
| 三、电力 | | 91812.19 | 19726.95 |
| 四、折旧费 | | 1783178.80 | 59850.70 |
| 五、修理费 | | | |
| 六、井巷工程费 | | | |
| 七、维简费 | | | |
| 八、安全费用 | | | |
| 九、环境恢复治理基金 | | | |
| 十、资源费用 | | | |
| 十一、其他支出 | | 221644.48 | 69219.15 |

将回采巷道和准备巷道两个三级作业总成本汇总至掘进作业（二级作业）对应项目，再加上三级作业的共同成本，形成掘进作业的总成本，除以作业量形成掘进作业的单位成本（见表6－6）。

**表6－6　B矿生产系统掘进作业（二级作业）2022年×月成本汇总表**　单位：元

| 项目 | 共同成本 | 掘进作业 | | |
|---|---|---|---|---|
| | | 开拓巷道 | 准备巷道 | 回采巷道 |
| 一、材料及低值易耗品 | | | 1329438.77 | 3144436.30 |
| 二、职工薪酬 | | | 1551463.08 | 4290014.74 |
| 三、电力 | | | 53410.92 | 111539.14 |
| 四、折旧费 | | | 171535.00 | 1843029.50 |
| 五、修理费 | | | | |
| 六、井巷工程费 | | | | |
| 七、维简费 | | | | |
| 八、安全费用 | | | | |
| 九、环境恢复治理基金 | | | | |
| 十、资源费用 | | | | |
| 十一、其他支出 | | | 113184.18 | 290863.63 |

将掘进作业与其他二级作业总成本汇总至生产系统（一级作业）对应项目，再加上二级作业的共同成本，形成生产系统的总成本，除以作业量形成生产系统的单位成本（见表6－7）。

4. 汇总矿井总成本

将生产系统和非生产系统各项成本费用汇总至矿井作业成本汇总表，即形成B矿总成本，除以作业量形成矿井的原煤单位完全成本。表6－8为B矿2022年×月实际作业成本情况。

表 6-7　**B 矿生产系统（一级作业）2022 年×月成本汇总表**　单位：元

| 项目 | 生产系统共同成本 | 生产系统作业 | | | | | |
|---|---|---|---|---|---|---|---|
| | | 采煤作业 | 掘进作业 | 机电作业 | 运输作业 | 通风作业 | 其他作业 |
| 合计 | 22 648 462.32 | 24 674 037.10 | 12 898 915.24 | 10 696 451.00 | 13 269 594.26 | 3 556 111.25 | 9 792 388.63 |
| 一、材料及低值易耗品 | | 8 460 292.07 | 4 473 875.07 | 5 419 194.77 | 3 789 722.07 | 1 421 484.45 | 1 486 245.87 |
| 二、职工薪酬 | | 5 904 073.66 | 5 841 477.81 | 1 191 191.53 | 4 220 047.67 | 1 849 947.32 | 5 880 602.14 |
| 三、电力 | | 687 597.33 | 164 950.06 | 1 250 526.56 | 905 572.35 | | 100 919.34 |
| 四、折旧费 | | 3 107 000.05 | 2 014 564.50 | 2 095 948.45 | 1 908 655.45 | 256 726.89 | 2 267 506.44 |
| 五、修理费 | | | | | 2 395 969.55 | | |
| 六、井巷工程费 | 1 402 399.38 | | | | | | |
| 七、维简费 | 3 365 758.50 | | | | | | |
| 八、安全费用 | 8 414 396.25 | | | | | | |
| 九、环境恢复治理基金 | | | | | | | |
| 十、资源费用 | 9 353 716.24 | | | | | | |
| 十一、其他支出 | 112 191.95 | 6 515 073.98 | 404 047.80 | 739 589.69 | 49 627.18 | 27952.6 | 57 114.85 |

**表 6－8　　B 矿 2022 年×月实际作业成本汇总表**

单位：元

| 项目 | 合计 | 生产系统 | | | | | | | | 非生产系统 | | | | |
|---|---|---|---|---|---|---|---|---|---|---|---|---|---|---|
| | | 生产系统小计 | 生产系统共同成本 | 采煤作业 | 掘进作业 | 机电作业 | 运输作业 | 通风作业 | 其他作业 | 非生产系统小计 | 非生产系统共同成本 | 管理费用 | 销售费用 | 财务费用 |
| 合计 | 137 290 923. 20 | 97 535 959. 79 | 22 648 462. 32 | 24 674 037. 10 | 12 898 915. 24 | 10 696 451. 00 | 13 269 594. 26 | 3 556 111. 25 | 9 792 388. 63 | 39 754 963. 42 | | 24 842 005. 36 | | 14 912 958. 05 |
| 一、材料及低值易耗品 | 25 050 822. 59 | 25 050 814. 30 | | 8 460 292. 07 | 4 473 875. 07 | 5 419 194. 77 | 3 789 722. 07 | 1 421 484. 45 | 1 486 245. 87 | 8. 29 | | 8. 29 | | |
| 二、职工薪酬 | 26 553 774. 37 | 24 887 340. 12 | | 5 904 073. 66 | 5 841 477. 81 | 1 191 191. 53 | 4 220 047. 67 | 1 849 947. 32 | 5 880 602. 14 | 1 666 434. 25 | | 1 666 434. 25 | | |
| 三、电力 | 3 360 893. 63 | 3 109 565. 63 | | 687 597. 33 | 164 950. 06 | 1 250 526. 56 | 905 572. 35 | | 100 919. 34 | 251 327. 99 | | 251 327. 99 | | |
| 四、折旧费 | 12 386 514. 82 | 11 650 401. 78 | | 3 107 000. 05 | 2 014 564. 50 | 2 095 948. 45 | 1 908 655. 45 | 256 726. 89 | 2 267 506. 44 | 736 113. 04 | | 736 113. 04 | | |
| 五、修理费 | 2 395 969. 55 | 2 395 969. 55 | | | | | 2 395 969. 55 | | | | | | | |
| 六、井巷工程费 | 1 402 399. 38 | 1 402 399. 38 | 1 402 399. 38 | | | | | | | | | | | |
| 七、维简费 | 3 365 758. 50 | 3 365 758. 50 | 3 365 758. 50 | | | | | | | | | | | |
| 八、安全费用 | 8 414 396. 25 | 8 414 396. 25 | 8 414 396. 25 | | | | | | | | | | | |
| 九、环境恢复治理基金 | | | | | | | | | | | | | | |
| 十、资源费用 | 9 353 716. 24 | 9 353 716. 24 | 9 353 716. 24 | | | | | | | | | | | |
| 十一、其他支出 | 45 006 677. 89 | 7 905 598. 04 | 112 191. 95 | 6 515 073. 98 | 404 047. 80 | 739 589. 69 | 49 627. 18 | 27 952. 60 | 57 114. 85 | 37 101 079. 84 | | 22 188 121. 79 | | 14 912 958. 05 |

### （二）业务流程观

在作业成本计算结果的基础上，B 矿依据这种由一般到具体的树状结构将作业化繁为简，对各项作业进行水平分解，明确各项作业“为什么会发生成本”，从而理解、度量作业，其中包括作业追踪和梳理作业间关系两大环节。

（1）作业追踪。在矿井既定的生产经营流程基础上，B 矿利用作业成本定额管理系统的看板分析模块，按照作业发生的时间先后梳理各项作业的发生原因、资源耗费、产出指标等属性，计量作业量水平，通过对各作业中心成本数据的动态监测和对作业相关人员行为的监控，为管理者提供预警信息。

（2）梳理作业间关系。在业务流程观下，作为流程和子流程的连续作业之间的关联是 B 矿对作业成本法进行拓展、实现五级作业划分的关键之一。为实现更加公平地分配管理人员的职责，B 矿将作业的中间阶段进行拓展，即应用多阶段的成本分配方法。为保证这种成本结构的稳定性，必须明确各连续作业间的关联性，进而实现业务流程成本的计算。在具体业务方面，B 矿对各项作业间关系的梳理主要体现在并行作业间的沟通、协作以及先后作业间的有效链接上，作业间的冲突则是通过生产协调会进行协调处理（见图 6－5）。

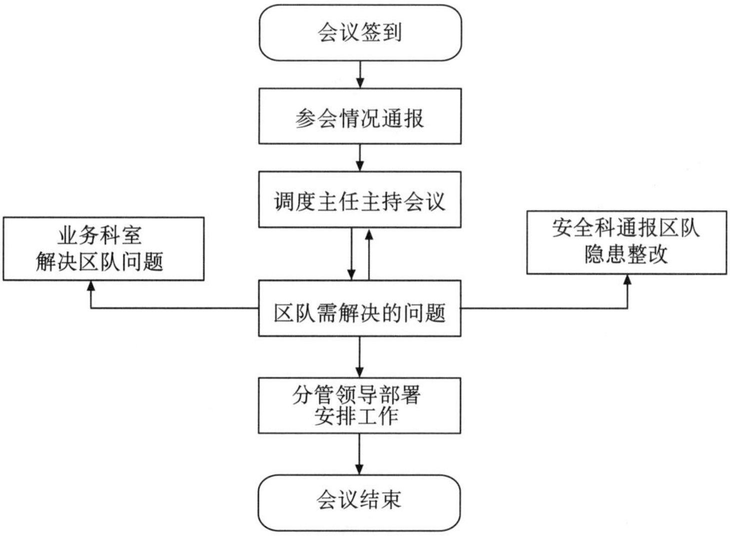


**图 6－5　B 矿生产协调会管理流程图**

### （三）运行分析

2021 年以前，B 矿矿井的突出问题主要表现为人员配置不合理、高技能人才短缺、可控成本比例低、制度体系不健全、基础管理薄弱、职工成本意识不强等。2021 年 12 月 B 矿试运行作业成本法，随着五级作业中心的细化分解，核算单元分解到最小单元，分析数据更加精细，同时，B 矿结合成本管控目标对成本指标进行分解，责任落实更加明确，积极有效地提高了成本核算的精度，夯实了预算基础，为决策层提供了更加科学的数据支撑。根据 A 集团的发展规划，B 矿 2021 年、2022 年的考核重点在对矿井作业成本体系的建立和完善上，并将其纳入 KPI 考核指标，从 2023 年开始，矿井的考核重点将转入利用作业成本定额体系实施成本过程控制的运用情况上。针对当前阶段，下面选取了采煤作业 2022 年 × 月的数据进行深入分析。

首先，B 矿通过构建包含全部生产经营环节的作业成本系统以增加成本数据挖潜的深度，保证成本的准确性。图 6－6 所示的是 2022 年 × 月采煤作业—综采放顶煤—传统方式五级作业中心的实际成本情况，由图 6－6 可见，各项成本责任均已落实到各末级队组，同时，该明细也便于解释各项作业的发生、发生的作业数量以及相关的成本耗费情况。

查看 | 查询 | 列表配置

| | 序号 | 作业中心 | 作业单位 | 年月 | 费用总额 | 创建用户 | 数据来源 |
|---|---|---|---|---|---|---|---|
| ○ | 1 | 采煤作业→综采放顶煤→传统… | B矿综放二队 | 2022-08-01 | 63402.16 | 侯宇航 | 租赁费数据采集 |
| ○ | 2 | 采煤作业→综采放顶煤→传统… | B矿综放准备队 | 2022-08-01 | 2446013.28 | 蒋冬生 | 职工薪酬数据采集 |
| ○ | 3 | 采煤作业→综采放顶煤→传统… | B矿综放二队 | 2022-08-01 | 3148827.51 | 侯宇航 | 材料数据采集 |
| ○ | 4 | 采煤作业→综采放顶煤→传统… | B矿综放二队 | 2022-08-01 | 170339.14 | 侯宇航 | 电力数据采集 |
| ○ | 5 | 采煤作业→综采放顶煤→传统… | B矿综放准备队 | 2022-08-01 | 1041765.72 | 蒋冬生 | 材料数据采集 |
| ○ | 6 | 采煤作业→综采放顶煤→传统… | B矿综放二队 | 2022-08-01 | 2668350.23 | 侯宇航 | 职工薪酬数据采集 |
| ○ | 7 | 采煤作业→综采放顶煤→传统… | B矿综放准备队 | 2022-08-01 | 20838 | 蒋冬生 | 班中餐数据采集 |
| ○ | 8 | 采煤作业→综采放顶煤→传统… | B矿综放二队 | 2022-08-01 | 22477 | 侯宇航 | 班中餐数据采集 |
| ○ | 9 | 采煤作业→综采放顶煤→传统… | B矿综放二队 | 2022-08-01 | 2390000.04 | 侯宇航 | 折旧费数据采集 |
| ○ | 10 | 采煤作业→综采放顶煤→传统… | B矿综放准备队 | 2022-08-01 | 219521.57 | 蒋冬生 | 电力数据采集 |
| ○ | 11 | 采煤作业→综采放顶煤→传统… | B矿综放—队 | 2022-08-31 | 2235488.26 | 杨凯 | 职工薪酬数据采集 |
| ○ | 12 | 采煤作业→综采放顶煤→传统… | B矿综放—队 | 2022-08-31 | 2040054.77 | 杨凯 | 材料数据采集 |
| ○ | 13 | 采煤作业→综采放顶煤→传统… | B矿综放—队 | 2022-08-31 | 22419 | 杨凯 | 班中餐数据采集 |
| ○ | 14 | 采煤作业→综采放顶煤→传统… | B矿综放一队 | 2022-08-31 | 2167202.08 | 杨凯 | 租赁费数据采集 |
| ○ | 15 | 采煤作业→综采放顶煤→传统… | B矿综放—队 | 2022-08-31 | 434964.59 | 杨凯 | 电力数据采集 |
| ○ | 16 | 采煤作业→综采放顶煤→传统… | B矿综放一队 | 2022-08-31 | 2390000.04 | 杨凯 | 折旧费数据采集 |

**图 6－6　B 矿 2022 年 × 月采煤作业各末级作业中心实际成本明细**

其次，成本信息更具逻辑性。一方面，B 矿利用成本动因显示了资源耗费的原因、作业发生的原因以及所耗费资源、实施的作业行为与原煤产品之间的因果效应；另一方面，各项作业完整的作业成本信息为矿井识别出低价值作业、改进作业环节奠定了坚实的基础。

最后，成本数据的汇总流程更加清晰。B 矿利用作业成本体系完整地揭示了矿井的成本结构，且成本分配路径本身能够保证不应承担成本费用的成本对象无需承担成本，尽量避免核算过程中的成本交叉问题。另外，明确的成本归集流程有利于作业成本系统的维护，进而提升成本管理的效率（见图 6－7）。

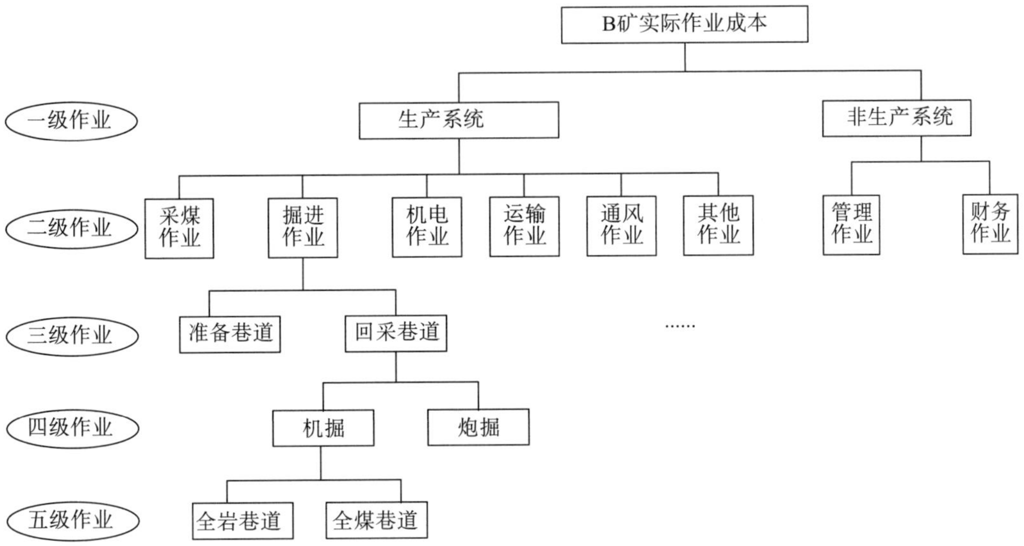


图6－7　B矿作业成本数据汇总流程图

## 第二节　作业成本预算

B矿的预算以历史成本数据为基础，主要是估计未来资源的费用支出水平，在制定成本预算之前，首先需要确定各台设备、矿井等在未来一年内计划利用的生产能力，在最初决策期间压缩闲置产能，确保浪费的最小化。在此基础上，B矿制定成本预算必须以矿井的生产定额作为各项成本的消耗标准。然后，基于定额体系下的作业成本预算数据又分别作用于控制及评价阶段，帮助实现对作业及作业链条的持续优化。因而B矿的预算过程共分为两大方面：一方面，B矿需基于现有产能和资源耗用情况，结合煤矿当前的发展规划预计未来可用的合适产能水平，压缩闲置产能；另一方面，需结合预计的产能情况，利用定额体系编制作业成本预算（见图6－8）。

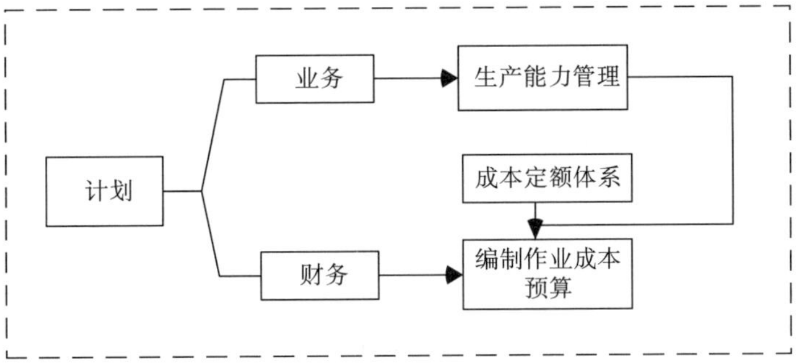


图6－8　B矿作业成本预算总体设计

## 一、确定年预算生产能力

如图 6－9 所示，B 矿以成本最小化为目标，在假设生产经营过程及内、外部经营环境保持不变的前提下，结合近三年原煤产量数据估算得出 2022 年预计生产能力为 1000 万吨。

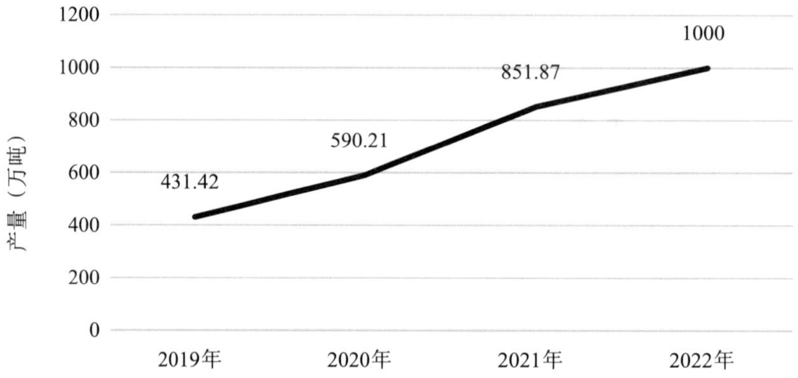


图 6－9　B 矿 2022 年原煤产量预估情况

## 二、成本定额体系建设

B 矿根据集团公司《A 集团作业成本定额体系实施细则》，结合实际生产条件，采取技术测定、统计分析、经验估计等方法，认真讨论分析后编制了《基于作业成本法的 B 矿生产定额手册》。B 矿生产定额为成本预算、成本分析提供了数据基础，指导 B 矿采取针对性措施以加强对各项成本费用的管控。B 矿作业成本定额体系以及在该体系指导下的成本运行流程如图 6－10 所示：

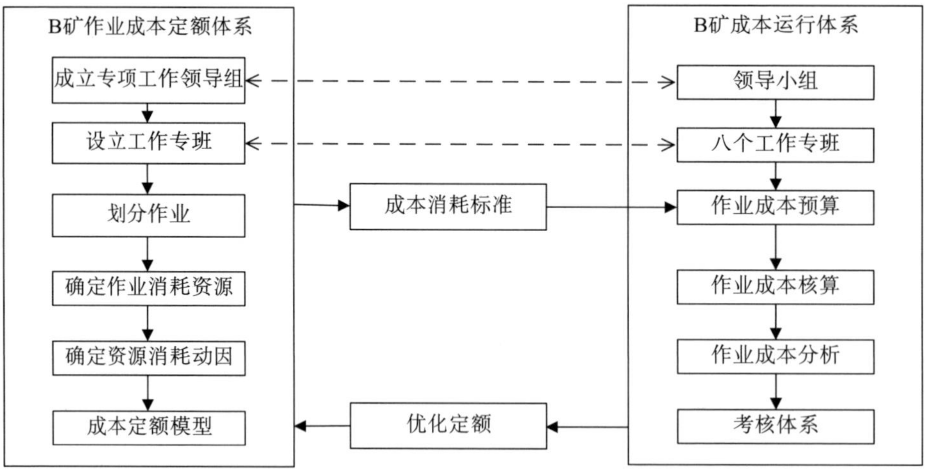


图 6－10　B 矿作业成本定额体系及其运行流程图

B 矿在成立专项工作领导组、设立作业成本法推广应用工作专班、划定作业中心的基础上，以作业中心为单位将整理得到的实际成本与生产作业内容相对应，剔除非正常性因素产生的成本后，结合各作业环节具体情况，测算各作业环节的成本费用消耗定额，并在汇总后形成各作业中心成本费用消耗定额。具体步骤如下：

## （一）追溯历史成本

该过程主要由财务部门对矿井 2019 年、2020 年两年的历史成本数据进行梳理、统计并分析。以掘进作业环节为例，其作业消耗的资源主要包括材料、设备、人工、矿物工程等。该作业中心的数据还原过程先由财务部统一罗列 2019 ~ 2020 年的成本数据，并按照财务报表项目分类提供给各作业中心具体责任人员，然后由责任人员根据 A 集团定额操作手册编制。掘进—准备巷道—机掘—全煤巷道作业中心职工薪酬的还原流程如图 6 – 11 所示：

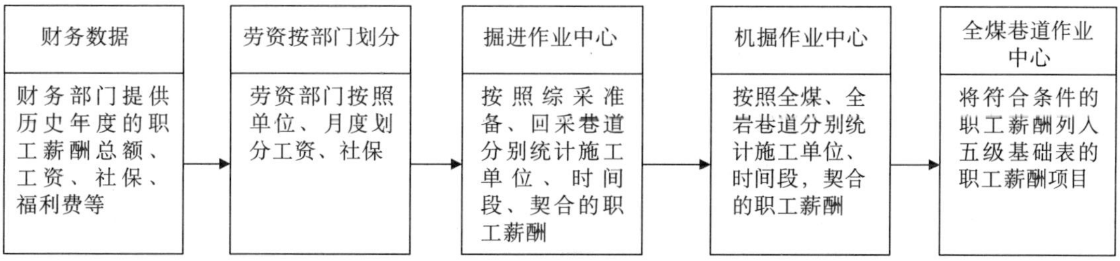


图 6 – 11　掘进—准备巷道—机掘—全煤巷道作业中心职工薪酬的还原流程

## （二）划分作业，确定作业中心实际成本

B 矿在测算作业中心实际成本的过程中，按照保证成本数据真实、核算口径统一的原则，将 2019 年、2020 年两年的历史成本数据与各级作业中心一一对应，得到各作业中心实际成本。

## （三）编制各作业中心成本费用消耗定额

B 矿各作业中心将整理得到的实际成本与生产作业内容相对应，先以末级作业不同成本动因条件下的实际工作量为作业量，然后根据还原到各动因条件下的资源费用以及选取的作业量按照不同成本要素逐项进行测算，测算公式如下：

材料定额：

材料消耗量定额 = 消耗材料数量/作业量（单位：个/吨、根/吨、千克/吨、米/吨）

材料费用定额 = 材料费用总额/作业量（单位：元/吨）

职工薪酬定额：

职工薪酬定额 = 职工薪酬总额/作业量（单位：元/吨）

其他费用按照同样原理测算。在上述基础上剔除非正常性因素下所产生的成本后，结合各作业环节具体情况，便可得到各作业环节的成本费用消耗定额，并在汇总后形成各作业中心成本费用消耗定额。以 B 矿掘进作业定额为例，通过统计 2019 年、2020 年全年所消耗的材料、人工工资、电费等数据，结合实际情况反复测算并与年度预算进行比较，最终得出标准材料成本定额、能耗成本定额、人工成本定额（掘进—回采—机掘—全岩巷道定额表见附录1）。测算公式如下：

作业标准定额 = ∑作业定额物料消耗量 × 物料单价/作业量（单位：元/吨）

### （四）编制B矿生产定额

汇总整理所有作业中心定额数据，综合考虑企业内部生产技术条件及外部经济形势等客观因素的变化，按照与财务核算口径一致的原则，完善各专业环节的定额消耗成本，自下而上逐步汇总，最终形成B矿生产成本定额。

### （五）成本定额数据验证

定额数据的确定在很大程度上要依赖于对历史数据的分析，而历史数据的不完整、不准确给定额数据的确定增加了难度，因此在确定定额数据的过程中需要经过反复的测算和模拟。B矿主要采用参照安全生产规程和历史经验相结合的方法保障定额数据的恰当性。

### （六）持续改进、优化定额

为保证定额的准确性，需将成本定额与实际消耗不断进行对比，认真分析产生偏离的因素，确定成本定额的改进方向和措施，持续优化定额。当实际消耗与作业定额有出入时，各作业中心根据实际情况对《B矿作业成本定额》动因系数进行调整，进一步完善成本定额体系，经矿井提出申请，甲二级子公司批准后方可执行新定额。目前A集团下属各煤矿定额修订频率均为一年一次。

鉴于B矿目前正处于产能提升阶段，在产量规模达到千万吨后才可以形成固化定额，因此持续优化是必要的。比如2022年度，由于初步预算指标偏高，经过甲二级公司财务部及矿井反复测算、核减，并根据甲二级公司关于下达《2022年度财务预算指标的通知》及《所属公司2022年经营管理办法》，最终确定2022年度原煤完全成本为143.21元/吨。B矿2022年结合固定性费用升高因素和六定改革机构优化后的人员布置将定额优化为149.41元/吨。明细如表6－9所示：

**表6－9　　B矿2022年原煤定额成本汇总表**　　单位：元/吨

| 项目 | 历史加权平均值 | 优化前定额 | 优化后定额 |
|---|---|---|---|
| 总定额 | 116.16 | 119.48 | 149.41 |
| 材料 | 9.55 | 12.68 | 12.68 |
| 职工薪酬 | 40.20 | 42.65 | 29.65 |
| 电力 | 1.87 | 2.36 | 4.49 |
| 修理 | 2.09 | 2.89 | 2.60 |
| 租赁 | 7.22 | 6.49 | 6.44 |
| 折旧 | 4.26 | 3.39 | 15.68 |
| 计提费用 | 26.53 | 30.36 | 30.36 |

续表

| 项目 | 历史加权平均值 | 优化前定额 | 优化后定额 |
| --- | --- | --- | --- |
| 其他费用 | 24.45 | 18.68 | 47.53 |

2022 年 B 矿定额优化的内容包括：材料费由于回采工作面由 2 个增至 3 个、相应进尺数量增加、万吨掘进率升高，暂定保持不变；公司内部机构变动（矿井取消后勤、环保、财务、劳资、计划等职能部室，原公司机关生产部室合并到矿井）导致职工薪酬降低；由于原基建负担的电费转至生产核算，电力成本上升；千万吨转生产固定资产增加的影响使得折旧费升高；其他费用升高主要由于所属公司管理费由 3.25 元/吨上调至 13 元/吨、财务费用由 2.54 元/吨上调至 18.40 元/吨以及无形资产摊销由 8.71 元/吨上调至 11.10 元/吨。

## 三、编制作业成本预算

作业成本定额数据为 A 集团预算编制的准确性提供了保障，A 集团各单位的费用计算基础、标准得到了统一。B 矿在此基础上，依托 A 集团作业成本定额管理系统开展预算编制工作。作业成本预算编制的基础理论为“标准定额 × 作业量 + 非正常动因条件下产生的成本”，从末级作业中心在不同成本动因条件下开始编制预算，并采取“自下而上”的层层汇总方式形成各级作业中心和矿井整体成本预算。

### （一）年度预算

B 矿年度预算编制流程：先由 B 矿矿井基于作业成本定额和生产衔接计划科学编制本单位下一年成本预算，如表 6 – 10 所示的采煤作业中心回采工作面的部分材料预计消耗情况即是在生产衔接计划的基础上，结合回采作业定额得到。自下而上汇总得到矿井年度预算后报送至甲二级公司；甲二级公司对 B 矿矿井上报的预算审核后，汇总形成本级单位预算上报 A 集团；A 集团对甲二级公司上报的预算进行审定后下发执行。在产量目标预期能够实现的前提下，矿井内部年度财务预算编制流程如图 6 – 12 所示，B 矿 2022 年度预算情况表见附录 2。

**表 6 – 10　　采煤作业中心回采工作面材料测算表**

| 工作面名称 | 产量（万吨） | 名称 | 单位 | 定额用量 | 调整用量 | 预算用量 | 单价（元） | 费用（元） |
| --- | --- | --- | --- | --- | --- | --- | --- | --- |
| 9 – 801 工作面（回采） | 152 | 木材 | $m^3$ | 276.64 | –44.71 | 231.93 | 2 130.00 | 494 000 |
| | | 菱形网 | 平米 | 31 843.24 | 2 823.42 | 34 666.66 | 17.10 | 592 800 |
| 9 – 701 工作面（回采） | 120 | 木材 | $m^3$ | 218.40 | –35.30 | 183.10 | 2 130.00 | 390 000 |
| | | 菱形网 | 平米 | 25 139.40 | 2 229.02 | 27 368.42 | 17.10 | 468 000 |
| 9 – 803 工作面（回采） | 30 | 木材 | $m^3$ | 54.60 | –8.83 | 45.77 | 2 130.00 | 97 500 |
| | | 菱形网 | 平米 | 6 284.85 | 557.26 | 6 842.11 | 17.10 | 117 000 |

续表

| 工作面名称 | 产量（万吨） | 名称 | 单位 | 定额用量 | 调整用量 | 预算用量 | 单价（元） | 费用（元） |
|---|---|---|---|---|---|---|---|---|
| 9－806 工作面（回采） | 60 | 木材 | $m^3$ | 109.20 | －17.65 | 91.55 | 2 130.00 | 195 000 |
| | | 菱形网 | 平米 | 12 569.70 | 1 114.51 | 13 684.21 | 17.10 | 234 000 |
| 5－111 工作面（回采） | 100 | 木材 | $m^3$ | 78.00 | 70.40 | 148.40 | 2 190.00 | 325 000 |
| | | 菱形网 | 平米 | 27 345.50 | 11 432.91 | 38 778.41 | 17.60 | 682 500 |
| 5－503 工作面（回采） | 140 | 木材 | $m^3$ | 109.20 | 98.56 | 207.76 | 2 190.00 | 455 000 |
| | | 菱形网 | 平米 | 38 283.70 | 16 006.07 | 54 289.77 | 17.60 | 955 500 |
| 5－106 工作面（回采） | 98 | 木材 | $m^3$ | 76.44 | 68.99 | 145.43 | 2 190.00 | 318 500 |
| | | 菱形网 | 平米 | 26 798.59 | 11 204.25 | 38 002.84 | 17.60 | 668 850 |

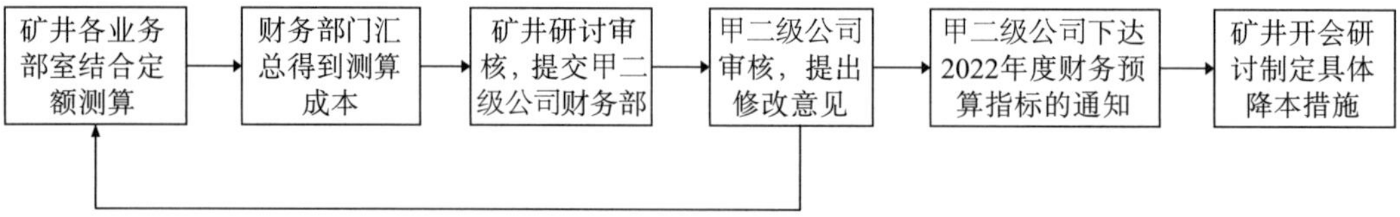


**图 6－12　B 矿年度财务预算编制流程**

## （二）月度预算

B 矿以作业计划会为起点，深入开展“全面预算”工作。2022 年，矿井作业计划会引入作业成本法，每月末由各部室按照五级作业中心编制生产衔接计划，根据月度生产衔接安排，明确各作业中心的施工队伍，并将每月生产作业计划结合标准分解至各个队组，各区队根据生产计划与相应定额制定预算。各业务部室参照矿井定额体系、生产衔接计划审核各区队预算指标，以末级作业中心预算为基础层层汇总到财务部，形成月度成本预算，经作业计划会讨论后，次月月初发布预算，沟通频率固定为一个月 2 次（见表6－11）。各末级作业中心预算编制公式如下：

作业中心月度预算金额＝对应作业成本消耗定额×当月分配的任务计划＋定额之外的动因影响

**表 6－11　B 矿各作业中心月度预算编制流程汇总表**

| 作业中心 | 月度预算编制流程 |
|---|---|
| 采煤、掘进作业 | 先按照动因找到定额，然后再按照进尺或采煤作业量结合定额得到相应预算。作业中心预计作业量是由生产部门考虑队组、工作环境、作业性质等实际情况，结合标准和经验将甲二级公司下达的生产计划分配给各个队组 |
| 机电作业 | 机电作业参照定额，同时结合月度检修计划确定预算金额。机电部门会根据检修计划提前申请配件，相关材料耗费情况由相关人员结合经验确定 |
| 通风作业 | 通风作业预算采取“定额＋例外”的形式，预算数据每年相对稳定，通风作业定额以固定的周期为基准，针对定额之外的情况比如 806 工作面的瓦斯涌出量超出以往，相应的预计支出就需要相关部门商讨确定 |

续表

| 作业中心 | 月度预算编制流程 |
| --- | --- |
| 运输作业 | 运输设备的磨损情况与运输作业量紧密相关，针对周期性维护性质部分的预算按照定额测算出来，临时性质部分的预算需结合情况适当增加。运输设备的折旧主要按照年限平均法确定 |
| 其他作业 | 地测防治水、后勤服务、生产管理服务作业预算结合定额确定。环保作业相关基础性费用由集团公司负担。零星工程作业预计工作量由生产、调度、机电、通风等业务部室根据业务的循环情况预估，并在作业计划会上讨论确定零星工程部分的预算金额 |
| 管理费用 | B矿管理费用主要涉及人员工资、管理用房屋设备折旧、电力消耗、差旅费等，其中，针对差旅费、办公费、会议费、业务招待费四项可控费用每年根据集团公司下达的指标设定相应的成本缩减目标，并结合以前年度管理费用情况测算得到的月度定额将该成本缩减目标分解到各月 |
| 财务费用 | 由于矿井对财务费用的管理权限有限，财务费用定额对预算编制的指导性不强。B矿年度财务费用预算主要根据集团下达的计划确定，各月度预算需结合各项借款的周期并参考以往经验加以确定 |

以2022年×月掘进作业中心预算为例，首先各队组分别针对全煤巷道、全岩巷道作业结合定额水平和生产计划形成全煤巷道/全岩巷道（五级作业）对应项目的预算。其次，将全煤巷道/全岩巷道（五级作业）成本预算汇总至机掘作业（四级作业）对应项目，再加上五级作业的共同成本预算，形成机掘作业的总成本预算。如表6－12所示。

**表6－12　B矿掘进—回采巷道—机掘作业（四级作业）2022年×月成本预算汇总表**　　单位：元

| 项目 | 共同成本 | 机掘 | | |
| --- | --- | --- | --- | --- |
| | | 全岩巷道 | 半煤岩巷道 | 全煤巷道 |
| 一、材料及低值易耗品 | | | | 2 357 944.73 |
| 二、职工薪酬 | | | | 2 526 837.95 |
| 三、电力 | | | | 121 030.00 |
| 四、折旧费 | | | | 1 640 766.40 |
| 五、修理费 | | | | |
| 六、井巷工程费 | | | | |
| 七、维简费 | | | | |
| 八、安全费用 | | | | |
| 九、环境恢复治理基金 | | | | |
| 十、资源费用 | | | | |
| 十一、其他支出 | | | | 294 989.50 |

将机掘等四级作业成本预算汇总至回采巷道作业（三级作业）对应项目，再加上四级作业的共同成本预算，形成回采巷道作业的总成本预算。如表6－13所示。

表 6－13　　B 矿掘进—回采巷道作业（三级作业）2022 年×月成本预算汇总表　　单位：元

| 项目 | 共同成本 | 回采巷道 | |
|---|---|---|---|
| | | 机掘 | 炮掘 |
| 一、材料及低值易耗品 | | 2 357 944.73 | 596 245.00 |
| 二、职工薪酬 | | 2 526 837.95 | 1 238 835.00 |
| 三、电力 | | 121 030.00 | 16 770.00 |
| 四、折旧费 | | 1 640 766.40 | 101 205.00 |
| 五、修理费 | | | |
| 六、井巷工程费 | | | |
| 七、维简费 | | | |
| 八、安全费用 | | | |
| 九、环境恢复治理基金 | | | |
| 十、资源费用 | | | |
| 十一、其他支出 | | 294 989.50 | 82 550.00 |

将回采巷道等三级作业成本预算汇总至掘进作业（二级作业）对应项目，再加上三级作业的共同成本预算，形成掘进作业的总成本预算。如表 6－14 所示。

表 6－14　　B 矿掘进作业（二级作业）2022 年×月成本预算汇总表　　单位：元

| 项目 | 共同成本 | 掘进作业 | | |
|---|---|---|---|---|
| | | 开拓巷道 | 准备巷道 | 回采巷道 |
| 一、材料及低值易耗品 | | | 1 146 808.90 | 2 954 189.73 |
| 二、职工薪酬 | | | 1 448 460.00 | 3 765 672.95 |
| 三、电力 | | | 52 065.00 | 137 800.00 |
| 四、折旧费 | | | 196 430.00 | 1 741 971.40 |
| 五、修理费 | | | | |
| 六、井巷工程费 | | | | |
| 七、维简费 | | | | |
| 八、安全费用 | | | | |
| 九、环境恢复治理基金 | | | | |
| 十、资源费用 | | | | |
| 十一、其他支出 | | | 210 925.00 | 377 539.50 |

# 第三节　作业成本管理

## 一、成本管理背景

首先，B 矿积极响应号召，率先推行精益化管理。2020 年 6 月，国务院国资委发布了《关于开展对标世界一流管理提升行动的通知》，并于同年 11 月，国资委将全面精益化管理纳入该项活动，要求各中央企业和地方国有重点企业将推动各重点领域的精益化管理提升作为对标行动的重要内容，不断优化有利于提高效率的要素，剔除低效无效环节，推动企业管理持续迈向精益化。A 集团积极响应号召，于 2021 年 4 月制定并下发了《A 集团深入开展对标世界一流管理提升行动实施方案》，集中力量推进管理体系和治企能力建设，引进精益化管理，严格把控“精、准、细、严”的核心理念，打造“消除浪费、创造价值、持续改善、精益求精”的精益成本管理体系。B 矿积极响应集团的号召，并在思想和行动上与集团保持高度一致，紧扣集团的工作部署，在全矿范围内实行精益化管理。

其次，B 矿试点先行，实施作业成本管理。为响应省委省政府提出的“全面开展成本管理，着力提高经营运行水平”的决策部署，定位“打造具有全球竞争力的世界一流炼焦煤企业”奋斗目标，进一步加强管理能力建设，强化成本管控，增强核心竞争力。A 集团在以成本管理为重点加快推进精益化管理过程中，为应对传统原煤成本管控模式所反映出的成本信息滞后、缺乏有效的过程控制、效能低下等问题，A 集团及时查找原因，聚焦集团战略目标，适时变更成本管理手段，紧紧围绕集团精益管理理念建设作业成本定额体系。2021 年，A 集团选取 10 座产量 300 万吨以上具备条件的原煤矿井，以信息化、作业成本法为手段，全面梳理、细化原煤生产各环节作业流程和内容，初建成本管控模型，B 矿则作为原煤产量 1000 万吨的井工矿井，被集团选为首批开展作业成本定额体系建设的十座试点矿之一，构建了全方位的作业成本管理体系，成为作业成本法实施的标杆单位。

B 矿结合自身特点，开展 5G 智能矿山建设。B 矿于 2019 年与中国联通就开展 5G 智能矿山应用合作签订了战略合作协议，随后完成并开通了井下 5G 环网建设，环网设备并联连接，单节点带宽达到 50G，满足 5G 及煤矿井下业务的需要，这对定额管理系统的有效运转提供了重要的技术支撑。B 矿智能化系统分为设备感知层、基础设施层、数据服务层和应用层四层架构，由万兆 IPRAN 环网、网管服务器、数据服务器、调度系统、接入层网络、网关及相关配套设备组成，实现了设备数据的全面快速采集与传输，并强化了相关煤矿设备的智能化远程控制及智能化安全保护。

## 二、总体设计

B 矿利用成本动因对作业进行管理的过程，实际上就是使用成本数据为决策提供支持的过程，主要涉及计划、控制、评价三个方面，如图 6－13 所示，本节也将围绕该流程展开。

B 矿的作业成本管理过程其实就是在成本核算所提供数据的基础上使用成本数据的过程。B 矿的成本核算数据共有三大方面的用途，分别是计划、控制和评价。由于计划环节已在上一节中做出说明，本节主要针对控制和评价过程展开论述。首先，在控制过程，矿井通过将作业成本预算与通过成本核算得到的预算执行情况进行对比，得到两者之间的差异，然后通过分析差异得到各项作业的实际运行情况以及成本费用偏离预算的原因，为考核环节提供支持。其次，B 矿的评估评价过程在横向和纵向两个方向上同时分别展开，且两个方向上的评价工作均是通过作业管理评价和成本绩效考评实现消除无价值的作业、改善作业流程、提升整体经济价值的目标。纵向是根据上述差异分析结果、结合历史经营经验进行成本管理结果考评；横向则是通过和集团内部同类型矿井进行对标找出自身的问题和短板，并通过借鉴先进经验达到提升自身管理水平的目的。

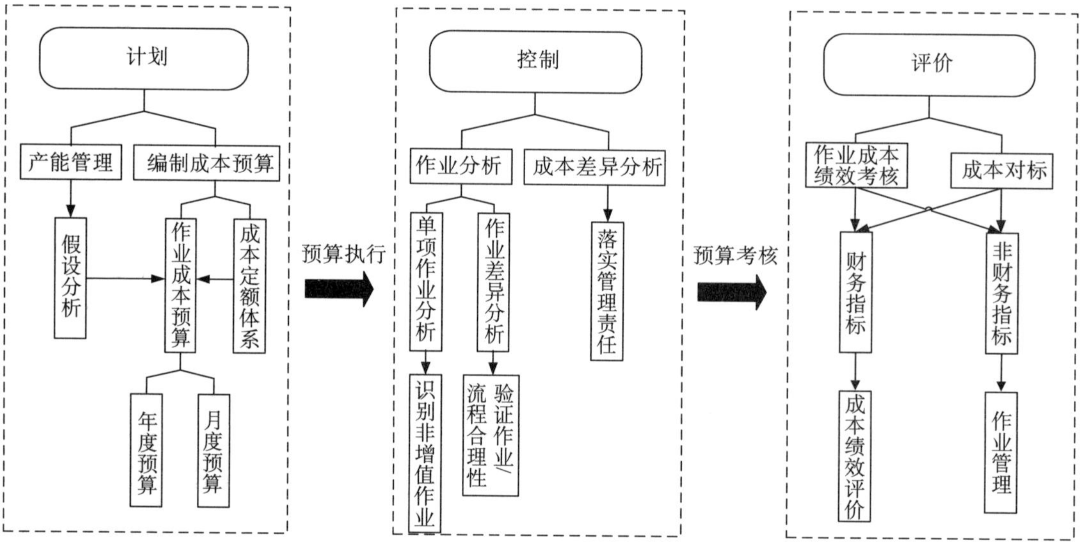


**图 6－13　B 矿作业成本管理总体设计**

## 三、预期目标

B 矿紧扣 A 集团和甲二级公司“提升成本管控精益化水平，构建全方位成本管控体系，开创高质量发展新局面”的总体要求，以甲二级公司“11661”目标路径为指引，结合矿井实际设定 B 矿的作业成本管理目标。

### （一）决策层面

选择科学的方法计算有关评价指标，发挥管理会计在生产经营方面的决策职能。一方面，将三全管理与作业成本法相结合，通过作业流程实现全面预算、全面计划、全面考核，同时要明确“成本定额—耗用水平—责任主体”之间的逻辑关系，及时为领导提供涉及生产经营全流程的决策信息，提高决策依据的准确性；另一方面，采用预警机制、绩效考评等管理手段责成各业务部室规范管理流程，实现计划管理的严肃性、预算管理的精准性、考核管理的导向性，提升决策的质量。

### （二）管控层面

（1）通过加强生产过程管控，消除无效管理环节，实现资源优化配置。首先，全面梳理生产环节作业流程和内容，通过对各环节历史成本数据进行系统性梳理、分析，建立覆盖生产全过程的作业成本动因定额体系，并通过执行情况分析反馈，不断优化和修正定额。其次，以作业成本动因定额体系为基础，建立成本管控模型，发现并消除无效作业，降低非增值作业投入，改进作业方式，优化作业流程，实现对生产全过程的成本管控。

（2）构建全方位成本管控体系，实现成本管控水平提升。建立事前综合平衡、事中监督管控、事后总结分析、期末绩效考核的系统化、规范化的闭环管理模式，打破原有成本管理模式的滞后性，实现管理转型升级。

## 四、应用部署

### （一）整体架构设计

对 B 矿按照作业链—价值链—责任链—管理链的思路进行的整体架构设计如图 6－14 所示：

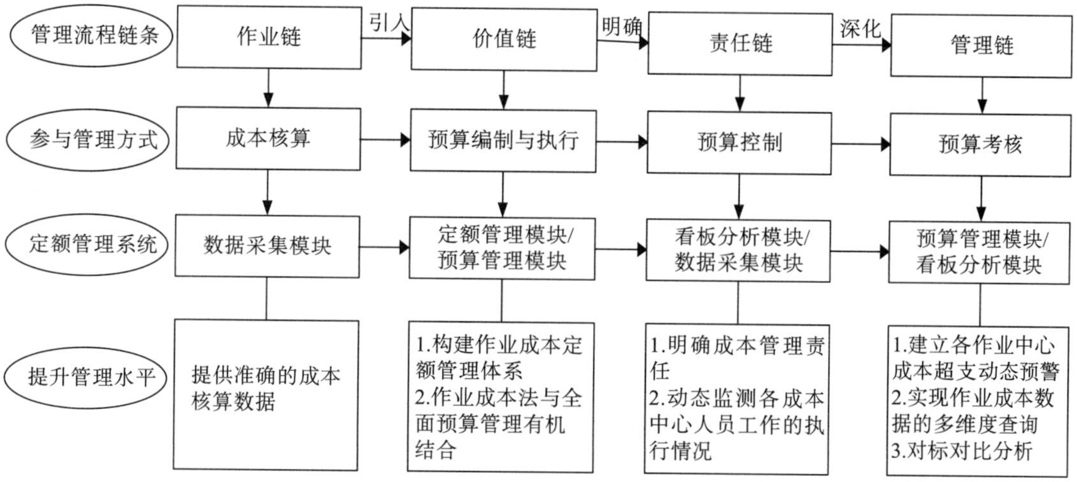


**图 6－14　B 矿作业成本管理总体架构**

### （二）制度体系构建

B 矿基于成本效益、简单易行、系统柔性和稳定性相结合的原则，结合矿井的实际情况，构建了以 1 个“专项工作实施方案”为主体，1 个“对标工作方案”为指引，X 个管理办法有机融合的“1＋1＋X”全过程作业成本法管理体系。其中，1 个“专项工作实施方案”是指《关于加快推进作业成本法推广应用专项工作的实施方案》，1 个“对标工作方案”是指《B 矿全方位成本管控模型对标工作方案》，X 个管理办法是指为了保障 B 矿作业成本法的顺利实施所构建的若干制度、标准、办法等制度文件。如图 6 –15 所示。

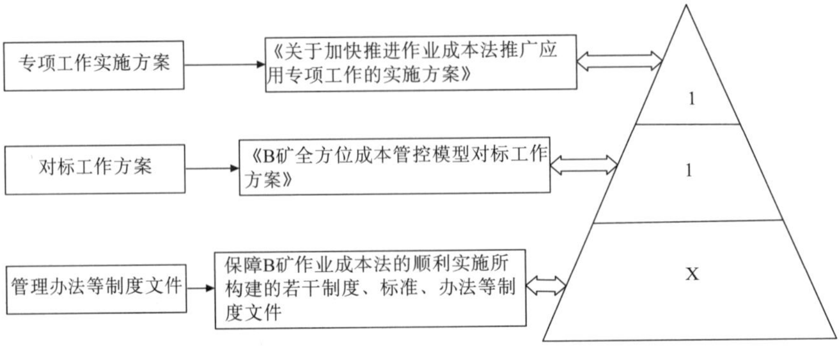


**图 6 –15 “1 +1 +X” B 矿全过程作业成本法管理体系**

## （三）管理机构设置

为加快推进作业成本法推广应用、落地见效，矿井成立了作业成本管控专项工作领导组，全面领导专项工作，如图 6 –16 所示。

组长：矿长、党委书记

常务副组长：经营矿长

副组长：各分管领导

成员：领导组成员由矿属各部室、公司机关各部室（中心）矿井组负责人组成。

领导组办公室设在精益化部，办公室主任由精益化部部长兼任。领导组负责统一领导矿井作业成本管控工作，拟定实施方案，健全完善工作机制，统筹安排各项工作，督导各项工作有序推进，跟踪监测各单位成本指标完成情况。

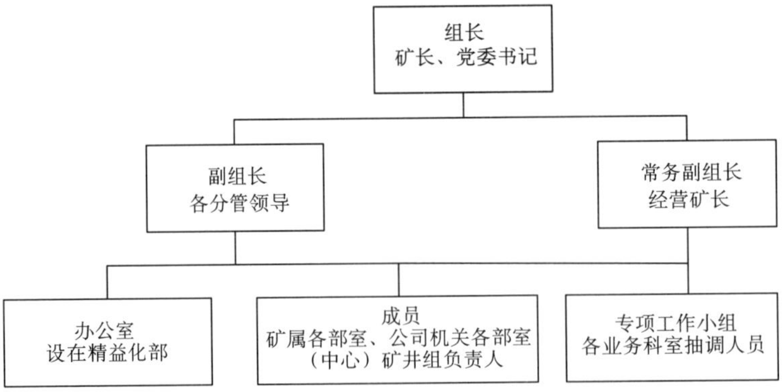


**图 6 –16 B 矿作业成本管控专项工作领导组**

## （四）岗位责任分工

在人员及岗位设置上，B 矿实现了“横向到边、纵向到底、全员覆盖”，横向上由各作业中心统管业务部室，纵向上各作业中心再分解，形成网格化管理。

首先，在业务部室设置方面，B 矿明确并优化了组织架构，对 12 个直接相关的职能部门和 25 个区队的岗位职责进行了明确分工和界定，具体如图 6－17 所示。

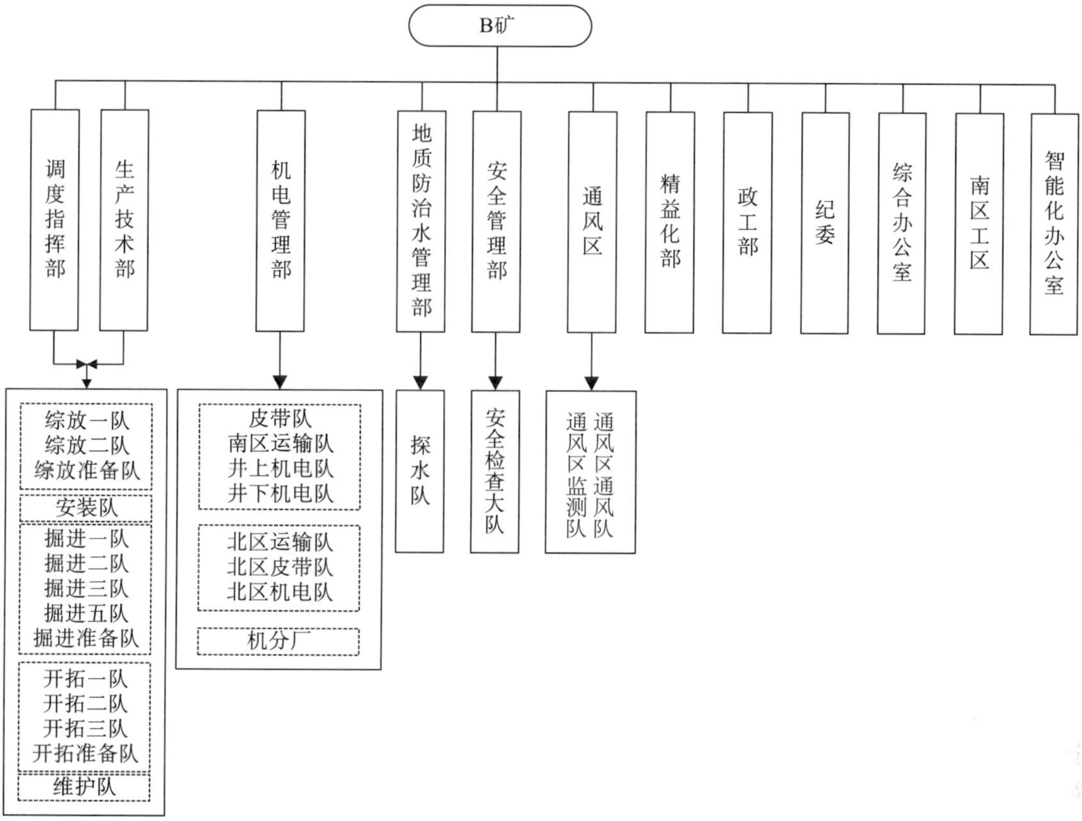


**图 6－17　B 矿组织架构**

其次，针对作业成本运行，B 矿设立了 8 个工作专班分管 8 个二级作业中心，班长由各部室负责人兼任，另从各专业技术人员中选定固定成员 18 名、协助成员 26 名，负责专项工作推进，并由专项工作领导组统一管理和考核。具体如表 6－15 所示。

**表 6－15　　B 矿各作业中心岗位分工情况汇总表**

| 一级作业 | 二级作业 | 工作专班 | 成员安排 | 工作范围 |
|---|---|---|---|---|
| 生产系统 | 采煤作业 | 采煤专班 | 生产技术部、调度指挥部部长担任班长，生产矿长为分管领导，成员由负责采煤作业管理部门专业人员组成，固定成员 1 人，协助成员 2—3 人 | 负责科学合理编制生产衔接计划；优化采煤工艺及主要流程；精益划分采煤作业中心；合理编制成本动因；准确编制采煤作业中心定额。全面负责做好采煤作业成本定额体系建设工作 |

续表

| 一级作业 | 二级作业 | 工作专班 | 成员安排 | 工作范围 |
| --- | --- | --- | --- | --- |
| 生产系统 | 掘进作业 | 掘进专班 | 生产技术部部长担任班长，生产矿长为分管领导，成员由负责掘进作业管理部门专业人员组成，固定成员 1 人，协助成员 2—3 人 | 负责科学编制矿井生产衔接计划；优化掘进工艺及主要流程；精益划分掘进作业中心；合理编制成本动因；准确编制掘进作业中心定额。全面负责做好掘进作业成本定额体系建设工作 |
| | 机电作业 | 机电专班 | 机电管理部部长担任班长，分管领导为机电矿长，成员由负责机电作业管理部门专业人员组成，固定成员 1 人，协助成员 2—3 人 | 负责科学筹划矿井机电系统排布；精益划分机电作业中心；合理编制成本动因；准确编制机电作业中心定额。全面负责做好机电作业成本定额体系建设工作 |
| 生产系统 | 运输作业 | 运输专班 | 机电管理部部长担任班长，分管领导为机电矿长，成员由负责井下运输作业管理部门专业人员组成，固定成员 1 人，协助成员 2—3 人 | 负责科学筹划矿井运输系统排布；精益划分运输作业中心；合理编制成本动因；准确编制运输作业中心定额。全面负责做好运输作业成本定额体系建设工作 |
| | 通风作业 | 通风专班 | 通风区长担任班长，分管领导为总工程师，成员由负责通风作业管理部门专业人员组成，固定成员 1 人，协助成员 2—3 人 | 负责科学筹划矿井单位通风系统排布；科学划分通风作业中心；合理编制成本动因；准确编制通风作业中心定额。全面负责做好通风作业成本定额体系建设工作 |
| | 其他作业 | 其他专班 | 各部室负责人担任班长，分管领导为各相关领导，成员由地测防治水、后勤服务、环保、安全管理、生产管理服务等相关作业管理部门负责人全面负责，同时各部室抽调 1 名人员协助 | 负责科学划分矿井其他相关作业中心；合理编制作业动因；准确编制其他作业中心定额。全面负责矿井其他作业中心定额体系建设工作 |
| 非生产系统 | 管理费用、财务费用 | 非生产系统专班 | 精益化部部长担任班长，分管领导为经营矿长，成员由精益化部指定 1 名专人负责，各作业管理部门抽调 1 名人员协助。作业计划方面由计划组安排 1 名专人，各专班人员协助 | 负责牵头组织审核矿井单位作业成本定额及成本预算情况；协调处理工作专班与各单位之间的各项工作；合理划分非生产系统作业中心、准确归集成本费用；收集分析各矿井单位在作业成本法推行过程中存在的问题及经验推广；牵头组织召开月度作业成本运行分析会，收集整理各作业成本中心月度分析会成果，并严格考核；负责月度、年度作业成本计划的审核、制定下发；负责矿井组织召开作业计划会 |
| | | 财务管理专班 | 财务部长担任班长，分管领导为经营矿长，成员由财务部安排 1 名专人负责，各专班人员、财务部成本会计协助 | 负责矿井成本费用的核算，矿井经营成果分析，提出管理建议及整改措施；负责与甲二级公司、A 集团等上级管理部门做好工作对接，做好上传下达 |

### （五）具体实施步骤

（1）设立推广应用工作专班：为了建立完善的作业成本运行体系，B 矿设立 8 个工作专班，分别为采煤专班、掘进专班、机电专班、运输专班、通风专班、其他专班、非生产系统专班和财务管理专班，由各部室、中心安排专人具体负责各专业方向作业成本数据的审定分析工作，并由领导组办公室统一管理和考核。如图 6－18 所示。

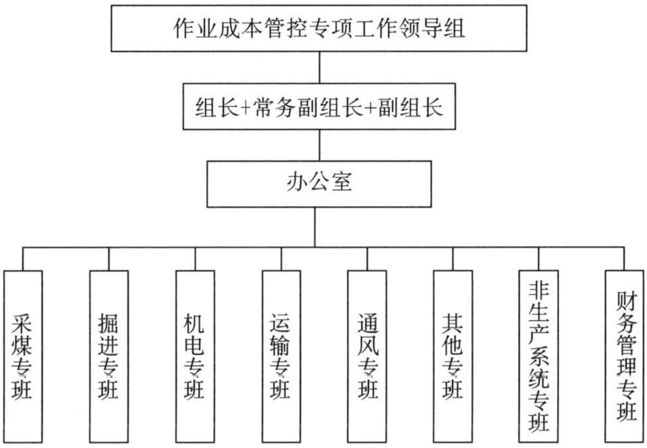


**图 6－18　B 矿作业成本管控专项工作领导组织结构**

（2）分级划分作业中心：划分作业成本中心是作业成本法整体工作开展的首要环节，关系着整体工作的推进。A 集团通过前期的数据还原，梳理各项作业环节、作业内容，构建了作业成本中心划分框架。2021 年 9 月，B 矿结合 A 集团五级作业中心体系及矿井生产作业实际情况，确定了矿井作业中心的划分，将矿井的生产经营各环节均纳入作业成本管理体系范围。

（3）测算作业环节定额：B 矿的成本定额指在矿井当前的地质条件、开采工艺、劳动组织条件下，生产单位煤炭产品或完成单位任务（工作量）合理消耗的料、工、费的成本标准。煤矿成本定额的确定是在对开采作业环节划分的基础上，确定各项资源的消耗动因，运用科学的编制方法测算各项成本的消耗标准。

（4）成本归集：B 矿资源成本的归集均采用追溯的方式，尽量避免动因分配和分摊的方法。资源动因主要根据作业的类型和资源成本的性质来确定。

（5）分配资源明细、建立成本库：把矿井生产经营相关的一系列作业消耗的资源费用归集到作业中心，就构成了 B 矿某一作业中心的作业成本库。作业成本库是作业中心的货币表现形式。

（6）运行分析：在建立 B 矿作业成本核算体系的基础上，输入作业量和定额数据等具体数据，生成作业成本预算，并针对作业成本差额的计算结果进行分析。

## 五、作业成本管理实施

B 矿实施作业成本管控主要依托于 A 集团作业成本定额管理系统。该系统以作业成本定额体系理念作为研发核心，以建立覆盖全作业链、全价值链、全成本要素的定额体系，实现各作业中心成本数据归集、不同成本动因定额自动调取、各级作业中心预算自动生成、预算与实际实时对比分析，通过数据监测、数据预警为企业成本管控提供决策依据为基本建设目标，助推集团公司加快构建成本管控模型，进一步消除非增值作业，改进作业方式，优化作业流程，不断提升企业成本管控能力。

### （一）控制过程

B矿作业成本分析以预算数据和实际成本核算数据为主要分析对象，并将各生产队组、费用单位全部纳入分析体系。实施作业成本分析主要是为了发现成本管控中存在的问题，帮助制定整改建议、措施，指导后续期间的作业成本管控工作。B矿该项控制过程共分为两条路径：一条是各级作业中心结合生产计划、月度预算及本月实际作业情况自行分析；另一条是由财务部门在矿井层面针对成本项目进行总体性、指标性分析。最终均将分析结果汇总到精益化部，并在作业成本运行分析会上讨论。矿井实施作业及成本控制的业务流程如图6－19所示：

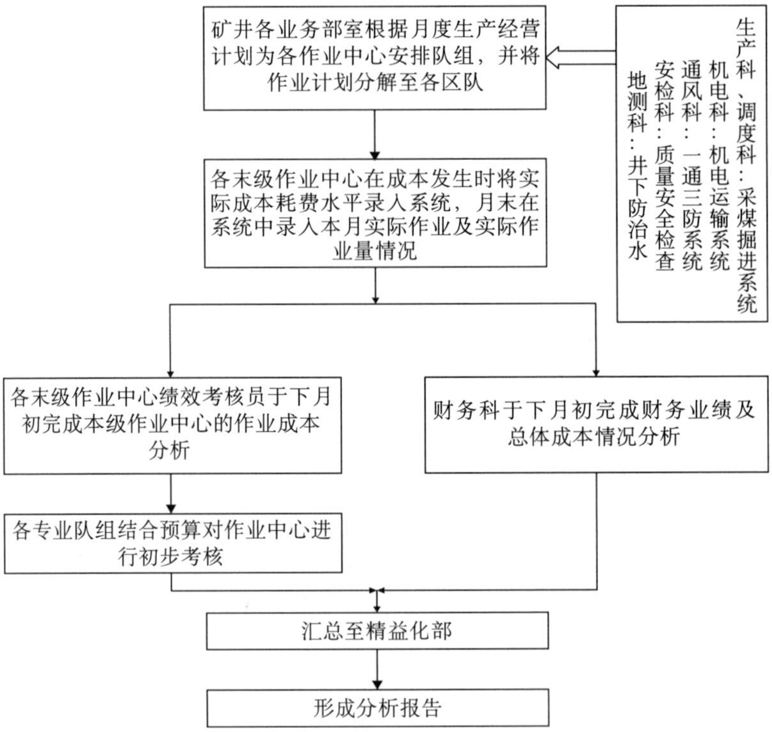


图6－19　B矿作业成本管理业务流程

关于分析内容，根据集团要求，B矿明确规定每月10号召开全矿范围的作业成本运行分析会，各生产队组、费用单位全部纳入分析体系。

一方面，矿井对期间内各项作业的发生情况进行分析进而区分增值作业与非增值作业（如图6－20所示），并通过分析本期实际发生作业与预计作业之间的差异验证作业及流程的合理性。B矿针对作业所采取的控制措施可总结为以下四点：

①提高单项作业效率。作业链中如果每个环节都能高效运转，每项作业都能高效执行，那么所耗用的资源相对就会更少，产品的成本就会更低。优化途径包括采取合理的方式配置资源、协调作业链中每项作业所需资源、培训员工的作业技能、提高员工的积极性等。

②消除不需要的作业。不需要的作业是非增值作业的一种，而且是可以从作业链中移除，但不会中断作业链的作业。

③选择低成本作业。在保证安全生产目标的情况下，尽量选择低成本的作业。

④作业分享。作业分享实质是增加动因的数量但不增加作业成本，以达到降低产品单位作业成本的目的，比如利用规模经营效应、充分利用公司产能和设备、消除产能闲置等。

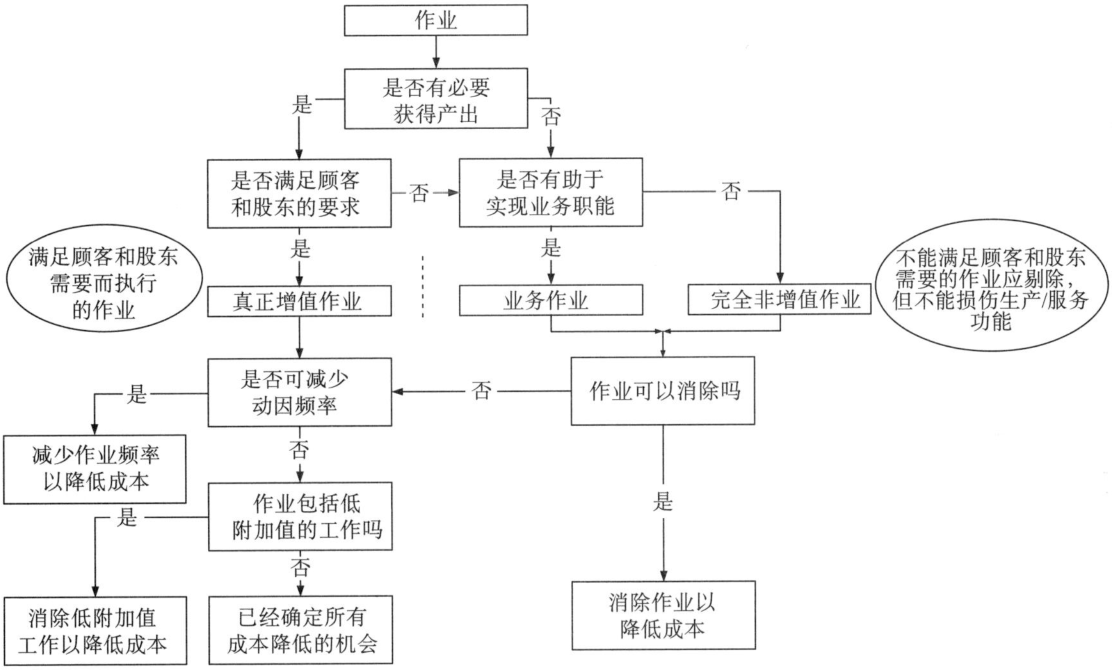


**图6-20　B矿作业分析流程**

另一方面，通过将实际发生的成本费用与计划相比较，精准计算各项成本消耗的节超，并对各项成本项目变动作出分析，进而发现影响成本管控的费用项目，并按照五级作业中心体系分析各项费用的节超情况，找出费用节超的作业中心、作业队伍、作业人员。

①针对资源成本差异，矿井采用标准成本差异的分析方法，通过将每种资源成本的价值与历史标准成本或行业标准对比，分析资源耗用量和资源价格情况，公式如下：

资源成本差异＝实际资源成本－标准资源成本
＝实际资源数量×实际资源价格－标准资源数量×标准资源价格
＝（实际资源数量－标准资源数量）×标准资源价格＋实际资源数量×（实际资源价格－标准资源价格）
＝数量差异＋价格差异

②针对作业成本差异，每种作业成本的价值都由产品对象耗用的作业量和作业价格决定，即作业动因数和作业动因率乘积。B 矿通过与历史标准成本或行业标准对比分析作业用量和作业价格情况。公式如下：

作业成本差异 = 实际作业成本 − 标准作业成本
= 实际作业数量 × 实际作业价格 − 标准作业数量 × 标准作业价格
= (实际作业数量 − 标准作业数量) × 标准作业价格 + 实际作业数量 × (实际作业价格 − 标准作业价格)
= 数量差异 + 价格差异

B 矿 2022 年 × 月关于掘进作业中心—准备巷道作业的部分成本分析情况如表 6 − 16 所示。

**表 6 − 16　　B 矿掘进作业中心——准备巷道成本分析报告（示例）**

| 掘进作业中心—准备巷道　　单位：元 | | | | |
|---|---|---|---|---|
| 项目 | 机掘（开拓一队、开拓准备队）：×月实际发生费用 3399484.39 元，掘进进尺 124.15m，延米单价 27382 元。 | | | |
| | 机掘预算 | 机掘实际 | 节超 | 原因分析（分队） |
| 合计 | 2918007.06 | 3399484.39 | 481477.33 | |
| 一、材料及低值易耗品 | 1132782.06 | 1509891.22 | 377109.16 | |
| （一）木材 | 0 | 1882.92 | 1882.92 | 开拓一队一采区 $9^{\#}$煤轨道上山：临时安排加快水沟浇灌进度投入木板，小计超耗 0.19 万元。 |
| （二）支护用品 | 404824.46 | 288320.83 | −116503.63 | 开拓一队一采区 $9^{\#}$煤轨道上山：一是工作面 10 排底角未支护（0.25 万元）；二是工作面顶煤变薄，锚索由 14.3m 变为 10.3m，差额 1.01 万元；三是使用 6 月超耗的库存支护材料 4.1 万元，小计结余 3.65 万元。<br>开拓准备队一采区 $9^{\#}$煤胶带上山及三联巷：一是计划 140m，实际完成 106m，少完成 34m，费用 10.05 万元（少投入费用）；二是使用上月工作面超耗的库存支护材料，结余 4.6 万元；小计结余 14.65 万元，合计结余 18.3 万元。 |

## （二）评价过程

B 矿在作业成本分析结果的基础上开展绩效考核，矿井与作业成本绩效评价相关的管理活动大致分为两个方面，分别是矿井内部以《B 矿作业成本管理考核办法》为核心的作业成本绩效考核体系和围绕《B 矿全方位成本管控模型对标工作方案》实施的 B 矿作业成本对标管理活动。

1. 作业成本绩效考核

鉴于成本管理能力在矿井战略目标实现中的重要地位，B 矿特制定了《B 矿作业成本管理考核办法》，将成本管理工作细化到活动层面，将成本管理能力成熟度予以阶段化并引入量化评价指标。B 矿绩效考核的目的是实现煤矿经营目标，核心是促进煤矿获利能力的提高及综合实力的增强，做到人尽其才，使人力资源作用发挥到极致。考核依据上，各作业中心全年指标定额及月度预算下达后，原则上不再调整，根据定额和预算进行考核。

B矿为实现全面成本绩效考核所实施的四个步骤如下：

①建立成本责任中心：B矿以作业中心为成本责任中心。作业中心是产品成本的汇集中心，又是责任考核中心。B矿的作业中心依据作业链划分，是资源的集散地，将作业中心划分为责任中心，符合责任中心划分规则，可以将责任中心与作业链、价值链协调统一使绩效考核更直接、更相关。

②构建评价考核组织框架：B矿围绕五级作业中心，完善成本绩效评价考核机制，设立生产专业组、机电专业组、通防专业组、其他专业组四个专业组以及一个办公室。各专业组组长由对应部长兼任，并设一名专职作业成本管理员。办公室设在精益化工作室，办公室主任由精益化部副部长兼任，组员为精益化部科员三名。各专业组及办公室职责如下：

生产专业组负责矿井综采放顶煤、开拓巷道、准备巷道及回采巷道定额审核，回收复用、修旧利废、现场管理工作。根据《B矿作业成本定额》及矿井实际情况，调整消耗定额系数，下达当月消耗定额；负责生产五项材料的消耗分析和考核工作。

机电专业组负责矿井机电安装运行回收、机电维修、机加工、主运、辅运及巷道维护定额审核、回收复用、修旧利废、现场管理工作；根据《B矿作业成本定额》及矿井实际情况，调整消耗定额系数，下达当月消耗定额；负责机电五项材料的消耗分析和考核工作。

通防专业组负责矿井通风、防瓦斯、防煤尘、防灭火及一通三防设计定额审核、回收复用、修旧利废、现场管理工作。根据《B矿作业成本定额》及矿井实际情况，调整消耗定额系数，下达当月消耗定额；负责一通三防材料的消耗分析和考核工作。

其他专业组负责地测防治水、后勤服务、环保、零星工程及生产管理服务定额审核，消耗分析和考核工作。

办公室负责制定作业成本法管理考核办法并组织实施；负责初审汇总各专业组考核并兑现落实；负责各单位精益化管理工作的督导检查、落实考核制度等工作；负责推进落实精益化经营管控项目，监督材料费用计划工作的实施和落实，进一步规范内部经营费用运行秩序，仲裁内部经营费用计划出现的纠纷，及时分析、监控和掌握矿井安全生产过程中出现的新情况、新问题，跟踪指导、纠正偏差，保证经营管控工作有序运行；负责经营管控各项制度和考核办法的修订、完善；负责定期组织召开月度经营分析会，分析各项经济指标完成情况和材料成本节超情况，表彰先进，剖析管理差的队组，查找运行过程中存在的不足及所要采取的应对措施；负责完成领导交办的其他工作。

③确定考核指标及权重：各作业中心的考核指标就是基于作业分解和作业分析的信息所得出的作业的效率等级划分及差异分析结果。关于财务指标，数量差异的责任一般归咎于各相应的作业中心，并由承担实施作业责任的相关人员接受奖惩，而价格差异一般归咎于供应中心。关于非财务指标，则主要用于确定对不同作业或同一作业不同环节如何进行决策、提升员工优化作业流程的积极性。B矿各部门主要参照《B矿目标责任契约考评办法》相关指标，并依据本部门制定的管理标准、技术标准、工作标准对相关部室及下辖区队进行考核。B矿以矿井年度工作任务目标和月度作业计划为基础，对区队、部室和分管矿领导实行百分制考评，其中对区队和部室的考评中，基本业绩方面的成本指标占比均高达40%。如表6-17所示。

表 6－17　　B 矿目标责任契约管理考评成本指标汇总表

| 考核指标类型 | 考核对象 | 基本分 | 考评标准 | 牵头部门 |
| --- | --- | --- | --- | --- |
| 工作业绩—基本指标—成本指标 | 生产区队 | 40 | 实行加减分考评，以矿井下达的二级作业中心考评指标为基础进行累计考评。成本指标考核由精益化部牵头负责，其他各部室配合提供考评资料 | 精益化部 |
| | 辅助区队 | 40 | 实行加减分考评，以矿井下达的二级作业中心考评指标为基础进行累计考评。成本指标考核由精益化部牵头负责，其他各部室配合提供考评资料 | 精益化部 |
| | 部室 | 40 | 以矿井下达的末级作业中心成本指标为基础进行累计考评。成本指标考评由精益化部牵头负责，其他部室配合提供考评相关资料。加减分区间为 ±20 分 | 精益化部 |

④完善绩效考核流程：B 矿的成本绩效考核工作自下而上进行。首先，各末级作业中心绩效考核员统计相关数据。数据考核员由技术员兼任，负责根据职能及领导组安排组织实施单位及员工绩效考核，在熟悉矿绩效考核相关流程的建立及执行、了解各类绩效考核相关工具的使用基础上，完成指标下达、业务指导、协调服务、整理分析考核数据、建立数据业绩档案、考核评价及各项工作任务目标完成情况上报等工作，及时提供绩效数据支持，协助各单位开展评价工作。其次，由各专业组负责接收并整理考核员上报的数据。各指标责任部室（专业组）每月须及时与上级公司对口部门沟通，核实相关指标考核情况，并于每月 5 日前将专项考核汇总报精益化部汇总。再次，四个专业组每月对末级作业中心节超情况进行考核，考核标准为超一罚一、节二奖一。最后，精益化部每季度根据二级作业中心的节超情况对中心负责人及相关人员进行考核，考核标准：节支奖励 500—1 000元/人，超耗处罚 300—500 元/人；全矿作业成本节支，奖励考核办公室及相关工作人员 500—1 000 元/人；每月选取成本管控较好的末级单位进行成本管控经验交流，并对成本管控工作人员给予 300 元奖励。

2. 作业成本对标工作方案

为实现精益化成本管控、全面提升企业的管理水平，B 矿根据 A 集团有关文件及甲二级公司对标内容，结合矿井自身实际情况，制定并下发了《B 矿全方位成本管控模型对标工作方案》，推进与集团下属其他可比煤矿的对标工作，并重点围绕本作业中心的成本指标、专班运行、作业内容、作业工艺、作业组织、作业成果、过程管控、费用归集、成本考核等进行全方位对标。对标工作由办公室（设在财务部）负责研究制定对标工作方案，做好对标工作方案的上传下达，并牵头组织评估对标工作成效，负责对所属各单位对标工作进行考核。

B 矿的成本对标管理工作大致分为以下三个步骤：首先，由各级单位对照要求将 22 项对标指标上月累计数据填报集团公司全方位成本管控模型对标汇总表，围绕年初计划，根据每一项指标同比、环比数据进行对比分析，每月 5 日前将存在的问题及下一步改进措施纸质版材料上报财务部。其次，各作业中心参照附表建立矿井内部对标表，作业中心内部分作业队伍、作业班组开展内部对标工作。同时参照 A 集团标杆作业中心，合理选择标杆值，向A集团标杆作业中心看齐。最后，财务部对各单位上报的相关数据进行统计、核实，并按照作业中心划分，对各作业中心进行排名，对各对标单位每月上报的指标数进行深入剖析，寻找各单位存在的问题及下一步需改进措施，根据各单位存在的问题进行督导，并根据督导情况，每月月底下发督查通报。

在对标指标方面，B矿遵循求真务实的原则，围绕影响完全成本的22个指标选定标杆值，结合企业发展及市场变化需求，调整标杆值，形成多维度、立体化的指标体系。其中，生产矿井22项指标分别为：单产、单进、吨煤成本、材料、支护、配件、大型材料、油脂、电力消耗、修理费、低值易耗品、四项可控费用、租赁费、折旧、研发投入比率、原煤生产人员效率、全员劳动生产率、全员效率、回采工作面工人效率、掘进工作面工人效率、平均工资和回采率。B矿对标指标计算参考公式见附录3。

在对标工作结果方面，通过实施作业成本管理，B矿总体呈现产量增长、效率提升、稳定发展的良好态势。2022年前三季度，B矿单产、单进、材料、油脂、修理费、低值易耗品、四项可控费用和人员工效的完成情况均超过了集团最好水平；另在对标的13座生产矿井中，B矿的单产水平一直处于领先地位（见图6－21），且B矿是对标矿井中唯一一个四项可控费用与年初相比呈下降趋势的生产矿井（见图6－22）；最后，在180万吨以上生产矿井对标指标排名中取得了第一名的好成绩。与此同时，此次对标也反映出B矿矿井的成本控制力度有待进一步加强。与年初相比，矿井的吨煤完全成本水平呈现上升趋势，并且配件、大型材料、油脂、修理费、低值易耗品等成本也有所上升。针对对标报告中所反映出的问题，B矿在对指标进行深入剖析的基础上制定了专项整改举措，在强化作业成本管理成效的同时，吸收其他单位的成功经验进行优化改进，形成闭环管理。

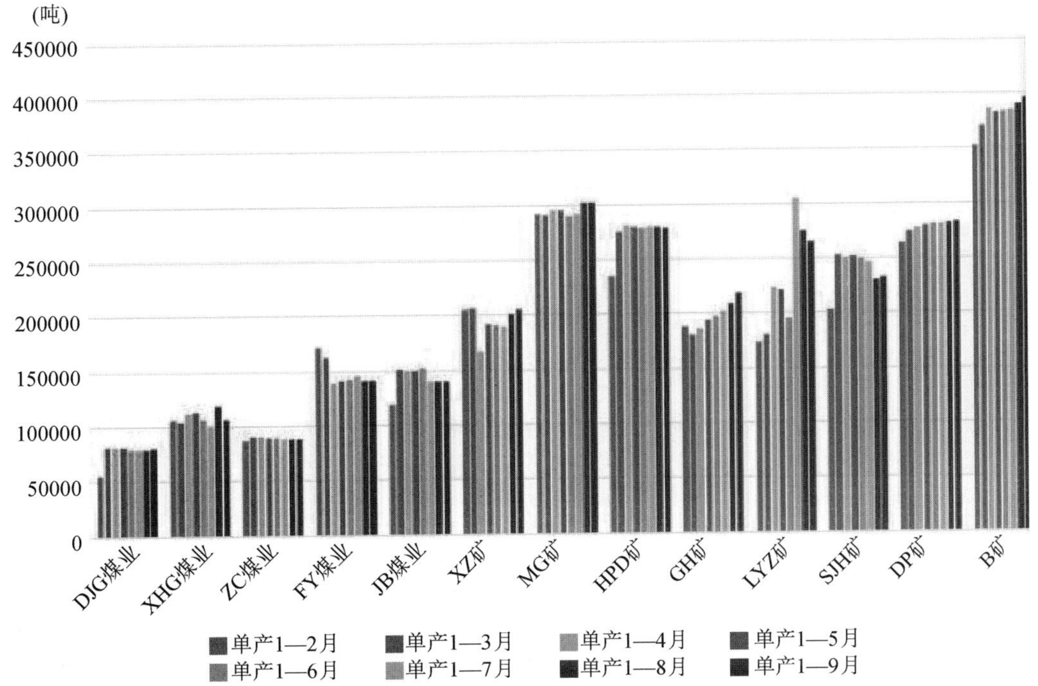


**图6－21　2022年1—9月13个对标矿井单产完成情况**

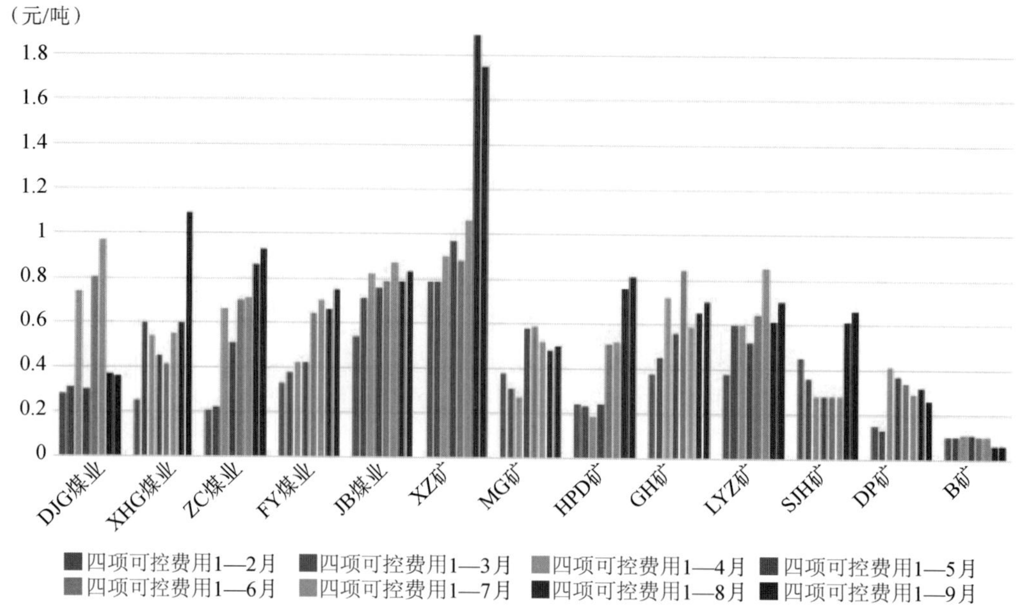


**图 6-22　2022 年 1—9 月 13 个对标矿井四项可控费用完成情况**

# 附录1　掘进—回采—机掘—全岩巷道定额表

| 序号 | 材料名称 | 单价/元 | 规格型号 | 单位 | 消耗量/100m | 费用定额/100m |
|---|---|---|---|---|---|---|
| | 合计 | | | | | 444 194. 60 |
| 一、 | 材料 | | | | | 364 588. 30 |
| （一） | 坑木 | 2130 | | $m^3$ | 2. 80 | 5 964. 00 |
| （二） | 支护用品 | | | | | 207 252. 05 |
| 1 | 高强左旋螺纹锚杆 | 42. 8 | 22×2（MG500）〔多经〕 | 根 | 1 785. 00 | 76 398. 00 |
| 2 | 压制蝶形托板 | 13. 1 | 150×150×10 | 块 | 1 785. 00 | 23 383. 50 |
| 3 | 钢筋网片 | 33. 9 | Φ6. 5－100×100 | 平米 | 1 280. 00 | 43 392. 00 |
| 4 | 锚网梁 | 13 | Φ12－54mm | 米 | 1 250. 00 | 16 250. 00 |
| 5 | 钢绞线 | 246. 51 | 1×19s－21. 8（6. 3m） | 根 | 105. 00 | 25 883. 55 |
| 6 | 锚索蝶形托片 | 58 | 300×300×14 | 套 | 105. 00 | 6 090. 00 |
| 7 | 锚具 | 27. 3 | Φ21. 6 | 套 | 105. 00 | 2 866. 50 |
| 8 | 球头挂环 | 4. 1 | | 个 | 105. 00 | 430. 50 |
| 9 | 树脂锚固剂 | 4. 6 | K2360 | 支 | 1 995. 00 | 9 177. 00 |
| 10 | 树脂锚固剂 | 3. 1 | CK2340 | 支 | 875. 00 | 2 712. 50 |
| 11 | 左旋螺纹锚杆（吊挂） | 19. 1 | Φ22×1m | 根 | 35. 00 | 668. 50 |
| （三） | 大型材料 | | | | | 25 935. 40 |
| | 无缝管 | 5 500 | 10－20#108×4. 5 | 吨 | 3. 86 | 21 221. 24 |
| | 煤矿用轻型橡套软电缆 | 4. 8 | MYQ－0. 3/0. 54×1. 5 | 米 | 619. 47 | 2 973. 45 |
| | 煤矿用轻型橡套软电缆 | 7. 9 | MYQ－0. 3/0. 54×2. 5 | 米 | 176. 99 | 1 398. 23 |
| | 松驰钢丝绳 | 0. 86 | 塑料外套4 | 米 | 398. 23 | 342. 48 |
| （四） | 配件 | | | | | 23 992. 56 |
| 1 | U形卡 | 0. 52 | φ10－φ25 | 件 | 492. 96 | 256. 34 |
| 2 | 超温自动洒水装置 | 660 | DFB－20/10 | 台 | 1. 00 | 660. 00 |
| 3 | 堆煤传感器 | 380 | GUJ30（A） | 台 | 1. 00 | 380. 00 |
| 4 | 煤矿用带式输送机保护装置主机 | 3 960 | KHP170－Z | 台 | 1. 00 | 3 960. 00 |
| 5 | 跑偏传感器 | 405 | GEJ30（A） | 台 | 2. 00 | 810. 00 |

续表

| 序号 | 材料名称 | 单价/元 | 规格型号 | 单位 | 消耗量/100m | 费用定额/100m |
|---|---|---|---|---|---|---|
| 6 | 温度传感器 | 321 | GWD42K（A） | 台 | 2.00 | 642.00 |
| 7 | 防爆急停拉线开关 | 620 | KHJ | 台 | 2.00 | 1 240.00 |
| 8 | 钩式滑轮 | 319 | 10T | 件 | 1.00 | 319.00 |
| 9 | 机油过滤器 | 255 | | 件 | 2.00 | 510.00 |
| 10 | 壳牌防冻液 | 92 | 8L | 桶 | 2.00 | 184.00 |
| 11 | 空气滤芯 | 3 320 | | 件 | 2.00 | 6 640.00 |
| 12 | 连接环 | 11.9 | 18×64C/20CrMnTi | 件 | 30.00 | 357.00 |
| 13 | 球阀 | 52.32 | QJ－10－25 | 件 | 46.00 | 2 406.72 |
| 14 | 三通 | 13.16 | KJ3－10－25 | 件 | 25.00 | 329.00 |
| 15 | 直通 | 9.9 | KJ>>2－10－25 | 件 | 56.00 | 554.40 |
| 16 | 中间接头 | 4.1 | KJ>>1－10－19 | 件 | 21.00 | 86.10 |
| 17 | 圆环链 | 49.6 | 18×64－15C/25MnV | 件 | 70.00 | 3 472.00 |
| 18 | 专用机油 | 23.72 | 15W4018 升/桶 | 升 | 50.00 | 1 186.00 |
| （五） | 专用工具 | | | | | 18 050.00 |
| 1 | 矿用风动潜水泵 | 960 | FQW20－50/W | 台 | 1.00 | 960.00 |
| 2 | 矿用隔爆型组合声光信号器 | 233 | XBH127（36）A/A | 台 | 1.00 | 233.00 |
| 3 | 矿用隔爆型低压电缆接线盒 | 101 | BHD－45/660（380）－3T | 台 | 1.00 | 101.00 |
| 4 | 矿用隔爆型低压电缆接线盒 | 610 | BHD30－200/1140（660）－4G | 台 | 1.00 | 610.00 |
| 5 | 矿用隔爆节能灯 | 98 | 127V/13W（景安） | 盏 | 7.00 | 686.00 |
| 6 | 污水泵 | 15 460 | WQN50－140－37 | 台 | 1.00 | 15 460.00 |
| （六） | 建工材料 | | | | | 3 749.94 |
| 1 | 水洗砂 | 208 | 中粗砂 | $m^3$ | 3.60 | 748.80 |
| 2 | 锚喷石子 | 205 | 1－3mm | $m^3$ | 3.60 | 738.00 |
| 3 | 普通硅酸盐水泥 | 381 | 42.5# | 吨 | 5.94 | 2 263.14 |
| （七） | 油脂及乳化液 | | | | | 52 389.10 |
| 1 | 抗磨液压油 | 16 390 | AE68 长城 | 吨 | 0.16 | 2 683.32 |
| 2 | 锂基脂 | 11 140 | 3# | 吨 | 0.07 | 788.67 |
| 3 | 抗磨液压油 | 19 750 | 68#美孚 | 吨 | 2.46 | 48 501.11 |
| 4 | 锂基脂 | 14 690 | 3#长城通用尚博 | 吨 | 0.03 | 416.00 |
| （八） | 其他材料 | | | | | 27 255.25 |
| 1 | GB21 六角头螺栓 | 133 | M20×80mm | 百件 | 1.00 | 133.00 |
| 2 | GB52 六角螺母 | 26.75 | M16－20mm | 百件 | 15.00 | 401.25 |
| 3 | GB97 平垫圈 | 5.5 | M20mm | 百件 | 1.76 | 9.68 |
| 4 | 大镐把 | 6 | | 根 | 26.50 | 159.00 |

续表

| 序号 | 材料名称 | 单价/元 | 规格型号 | 单位 | 消耗量/100m | 费用定额/100m |
|---|---|---|---|---|---|---|
| 5 | 调和漆 | 6 | 各种颜色 | 公斤 | 141.59 | 849.54 |
| 6 | 镀锌铅丝 | 6 220 | 8# - 16# | 吨 | 0.66 | 4 105.20 |
| 7 | 防爆节能灯泡 | 15.8 | 18W - 13W/127V（罗口、顶口） | 个 | 35.39 | 559.16 |
| 8 | 防水绝缘胶带 | 1 | 20mm × 20m | 盘 | 4.42 | 4.42 |
| 9 | 风镐钎 | 17.5 | AST - 400MM_ G10 | 支 | 230.00 | 4 025.00 |
| 10 | 风钻杆 | 52.95 | 中空 B22 × 1.5 - 2.2m | 根 | 53.10 | 2 811.65 |
| 11 | 风钻头 | 17.1 | ∮32 一字形 | 只 | 35.40 | 605.34 |
| 12 | 钢镐 | 12.3 | 3kg | 个 | 17.70 | 217.71 |
| 13 | 高强度皮带扣 | 331 | GK12 - 14 | 盒 | 35.39 | 11 714.09 |
| 14 | 尼龙扎带 | 7.8 | （5 - 4）×（300 - 800） | 百件 | 53.10 | 414.18 |
| 15 | 皮带串条 | 2.2 | 6 × 1000mm | 根 | 35.40 | 77.88 |
| 16 | 组合钻杆连接套 | 6 | | 个 | 141.60 | 849.60 |
| 17 | 组合钻杆连接头 | 6 | | 个 | 53.10 | 318.60 |
| 项目 | — | 单价/元 | — | 单位 | 消耗量 | 费用定额 |
| 二、职工薪酬 | — | — | | 元 | — | 48 530.65 |
| 三、电力 | — | 0.65 | — | 度 | 1 249.89 | 812.43 |
| 四、修理费 | — | — | — | 元 | — | 0.00 |
| 五、折旧费 | — | — | — | 元 | — | 175.20 |
| 六、班中餐 | — | 20 | 20 元/人/工 | 份 | 1 504.40 | 30 088.00 |

# 附录2　B矿2022年度预算表

单位：元/吨

| 项目名称 | 总成本 | 生产系统 | | | | | | | | 非生产系统 | | |
|---|---|---|---|---|---|---|---|---|---|---|---|---|
| | 合计 | 小计 | 共同成本 | 采煤作业 | 掘进作业 | 机电作业 | 运输作业 | 通风作业 | 其他作业 | 小计 | 管理费用 | 财务费用 |
| 合计 | 168.45 | 124.18 | 36.41 | 30.84 | 17.15 | 13.57 | 10.28 | 3.56 | 12.38 | 44.27 | 20.07 | 24.20 |
| 一、材料及低值易耗品 | 18.39 | 18.37 | | 2.43 | 6.37 | 3.45 | 2.87 | 0.65 | 2.61 | 0.02 | 0.02 | |
| 二、职工薪酬 | 37.58 | 33.16 | | 6.69 | 9.67 | 2.91 | 5.06 | 2.66 | 6.18 | 4.42 | 4.42 | |
| 三、电力 | 5.38 | 4.89 | | 0.83 | 0.57 | 1.76 | 1.59 | | 0.14 | 0.49 | 0.49 | |
| 四、折旧费 | 17.26 | 16.25 | | 10.46 | | 4.84 | 0.37 | 0.20 | 0.37 | 1.01 | 1.01 | |
| 五、修理费 | 1.77 | 1.70 | | 0.99 | 0.06 | 0.33 | 0.29 | | 0.03 | 0.07 | 0.07 | |
| 六、固定计提 | 30.36 | 17.36 | 17.36 | | | | | | | 13.00 | 13.00 | |
| 七、资源费用 | 18.12 | 18.12 | 18.12 | | | | | | | | | |
| 八、其他支出 | 39.59 | 14.35 | 0.94 | 9.44 | 0.49 | 0.27 | 0.10 | 0.05 | 3.06 | 25.24 | 1.04 | 24.20 |

# 附录3　B矿对标指标计算参考公式

1. 全员劳动生产率（元/人）＝工业增加值/全部从业人员平均人数

2. 全员效率（吨/人）＝产品产量/全部从业人员平均人数

3. 原煤生产人员效率（吨/工）＝报告期原煤产量（计算效率产量）/报告期参与计算效率的原煤生产人员实际工作工数

4. 回采工作面工人效率（吨/工）＝回采产量/回采工作面工人实际工作工数

5. 掘进工作面工人效率（米/工）＝生产掘进进尺/掘进工作面工人实际工作工数

6. 平均工资

6.1　从业人员平均工资（元/人）＝从业人员工资总额/从业人员平均人数

6.2　在岗职工平均工资（元/人）＝在岗职工工资总额/在岗职工平均人数

6.3　劳务派遣人员平均工资（元/人）＝劳务派遣人员工资总额/劳务派遣人员平均人数

6.4　其他从业人员平均工资（元/人）＝其他从业人员工资总额/其他从业人员平均人数

# 参考文献


1. 余绪缨，汪一凡主编，《管理会计学》，北京：中国人民大学出版社，2010 年版。

2. ［美］斯坎特・达塔，马达夫・拉詹著，王立彦，谌嘉席，郭放译，《管理会计：决策制定与业绩激励》，北京：中国人民大学出版社，2015 年版。

3. ［美］瑞夫・劳森著，杨继良，姚祎译，《管理会计在中国：成本计算方法、成本管理实务和财会职能》，北京：经济科学出版社，2010 年版。

4. ［美］雷・H. 加里森，埃里克・W. 诺琳，彼得・C. 布鲁尔著，《管理会计》，北京：机械工业出版社，2019 年版。

5. 高绍福，邱吉福主编，《管理会计》，北京：经济科学出版社，2022 年版。

6. 李守武主编，《管理会计工具与案例：成本管理》，北京：中国财政经济出版社，2018 年版。

7. ［美］玛丽安娜・M. 莫温，唐・R. 汉森，丹・L. 海特格著，《管理会计》，北京：北京大学出版社，2017 年版。

8. ［美］加里・柯金斯著，谭丽丽译，《作业成本管理：完全操作手册》，北京：经济科学出版社，2006 年版。

9. ［美］詹姆斯・A. 布里姆森，约翰・安托斯著，许燕译审，《作业成本预算》，北京：经济科学出版社，2006 年版。

10. 贺颖奇，陈佳俊编著，《管理会计》，上海财经大学出版社，2003 年版。